OS LIMITES DA
OBRIGAÇÃO ALIMENTAR DOS AVÓS

C8371 Costa, Maria Aracy Menezes da.
　　　　Os limites da obrigação alimentar dos avós / Maria Aracy Menezes da Costa. – Porto Alegre: Livraria do Advogado, 2011.
　　　　175 p.; 23 cm.
　　　　Inclui bibliografia.
　　　　ISBN 978-85-7348-756-5

　　　　1. Direito civil. 2. Avós – Alimentos (Direito de família). 3. Direitos fundamentais. 4. Obrigações (Direito). I. Título.

CDU 347.615
CDD 342.1615

Índice para catálogo sistemático:
1. Obrigação de sustento　　　　347.615

(Bibliotecária responsável: Sabrina Leal Araujo – CRB 10/1507)

Maria Aracy Menezes da Costa

OS LIMITES DA
OBRIGAÇÃO ALIMENTAR DOS AVÓS

Porto Alegre, 2011

© Maria Aracy Menezes da Costa, 2011

Capa, projeto gráfico e diagramação
Livraria do Advogado Editora

Revisão
Rosane Marques Borba

Direitos desta edição reservados por
Livraria do Advogado Editora Ltda.
Rua Riachuelo, 1338
90010-273 Porto Alegre RS
Fone/fax: 0800-51-7522
editora@livrariadoadvogado.com.br
www.doadvogado.com.br

Impresso no Brasil / Printed in Brazil

Prefácio

O trabalho que me foi enviado por Maria Aracy Menezes da Costa, sobre o complexo e tormentoso tema da obrigação avoenga causou-me especial surpresa e alegria por, no mínimo duas razões: primeiro, por ver materializado, agora, em trabalho de mais fôlego, matéria que tem sido objeto de indagação da autora, há bastante tempo e, segundo porque este tema, de transcendental importância não tem sido tratado com a pertinência doutrinária que o assunto vem exigindo, especialmente nos tempos atuais.

Na realidade, fala-se e escreve-se muito sobre "Alimentos", sob as suas mais variadas formas (alimentos decorrentes de parentesco, alimentos decorrentes da ruptura da sociedade conjugal, alimentos oriundos da prática de ato ilícito), mas se silencia, por temor (talvez, em decorrência da novidade como a matéria tem sido invocado no pretório nacional) ou pejo(?) de envolver os avós em assunto que, natural e sistematicamente compete aos pais.

Em outras palavras, a obrigação recai sobre os parentes mais próximos (regra geral), a saber, os genitores (como querem os arts. 1.694 e 1.696) e só subsidiária e excepcionalmente, sobre os avós.) As duas referências ao dever recíproco de alimentos entre *"pais e filhos e extensivo a todos ascendentes"*, são prova inequívoca, no ambiente jurídico, de uma pretendida solidariedade familiar, desejada pelo legislador. Em outras palavras, ela até pode inocorrer no plano fático, mas o legislador a quer e a impõe, no plano jurídico.

Resta saber, se a forma que o legislador imprimiu ao instituto tem sido recepcionada, sem polêmica, pelos devedores (avós) da obrigação e, até que ponto, a sua materialização vem correspondendo aos princípios fundamentais de equidade e razoabilidade que devem pautar matéria de tamanha relevância. Porque, como bem ressaltado por Maria Aracy, uma coisa é compelir os genitores (quase sempre jovens) a cumprir o dever de sustento e outra, é obrigar pessoas de mais idade (avós) a assumir compromissos em fase final da vida, quando teriam absoluto direito ao sossego, paz e tranquilidade.

Como se percebe, o assunto é espinhoso, delicado e exige cautela e elevado senso de justiça, sob risco de se comprometer o final de vida dos avós, quando, inquestionavelmente, teriam direito à invocada paz.

Só neste sentido, sempre resgatado por Maria Aracy, em seus escritos, conferência e aulas, a tese defendida com convicção e respaldo científico pela autora, já é merecedora de todos encômios e maior deferência. Numa época em que tudo é possível e as mais estranhas argumentações são levantadas a favor de teorias de valor duvidoso no terreno meramente científico, especialmente em Direito de Família, manifesta-se importantíssima a ocorrência de uma voz que, embora isolada, convoque e alerte os bons espíritos à reflexão e revisão de conceitos tidos como inquestionáveis.

Além do mais, como já apontado pela doutrina estrangeira (especialmente a francesa, na voz de Jean Carbonnier) impõe-se a distinção concreta de hipóteses distintas em terreno que o legislador brasileiro insiste em colocar (erroneamente) no mesmo plano. Assim, como quer Carbonnier, a obrigação dos descendentes não se revela, sociológica e psicologicamente falando, igual à dos ascendentes.

Quer dizer, uma coisa é um adulto prestar auxílio (via prestação alimentar) a crianças, ou filhos e outra, bem distinta, é um filho, ou adolescente, ter de prestar alimentos a adultos. A defasagem etária e a inequívoca diferença da capacidade econômica são elementos suficientes a legitimar a diferença de postura e de tratamento diferenciado à mesma situação de necessidade.

De igual forma, em matéria de obrigação alimentar parental (dos genitores) e avoenga. Na primeira hipótese, há uma presunção óbvia, de "normalidade" de débito, oriunda da inserção natural dos devedores no mercado de trabalho, tornando-os mais preparados e enfrentar os ônus decorrentes da assistência e sustento; outra é a situação dos avós que, em decorrência da idade avançada e da dependência dos recursos quase sempre incipientes da aposentadoria, não estão qualificados, nem habilitados, a enfrentar a referida obrigação.

Quem negar tal distinção, decorrente das circunstâncias existenciais, e pois, premissa decisiva no encaminhamento da argumentação, está certamente incidindo em erro grave que, redundará em conclusão equivocada, quando não, injusta. E não são poucos os magistrados e os Tribunais que endossam a equivocada pretensa igualdade. O exame da jurisprudência nacional que o diga!

Por isso, a maioria da doutrina estrangeira, acompanhada de perto pelas convenções internacionais, encara com redobrada cautela e manifesta desconfiança a aplicação pura e simples dos princípios gerais norteadores da obrigação alimentar entre pais e filhos, para o patamar dos avós e netos.

A transposição de níveis de graus não se opera com a facilidade veiculada pelo legislador brasileiro; e se não ocorre como pretende o novo sistema codificado, é porque a realidade subjacente às hipóteses é diversa exigindo tratamento diferenciado.

Nesse sentido, a mensagem que Maria Aracy Menezes da Costa vem imprimindo em todas suas manifestações sobre o tormentoso tema é valiosa, não só porque nos faz atentar sobre os riscos da generalização, mas especialmente, no grito de alerta em defesa de um dos segmentos mais fragilizados da condição humana, a saber, a velhice.

A tão só velhice (bem como a infância) nos coloca em situação dependente (já em decorrência da limitação física, já, pelo natural decréscimo financeiro) não se manifestando crível, nem sustentável, a imposição de ônus, quando mais os avós precisam de auxílio e proteção. Ou seja, numa visão meramente ética, a pretensão revela-se, sob todos aspectos, injusta e descabida.

Por isso, a apreciação, agora em livro, do delicado e importantíssimo tema, é válida e vem imantada de transcendental importância.

No primeiro capítulo de seu trabalho, Maria Aracy resgata, com razão, os *"Alicerces da relação alimentar"*, em três níveis distintos mas essenciais, a saber, da obrigação alimentar no passado, na família brasileira e na visão atual, de uma pretendida constitucionalização das relações de família.

Na segunda parte, a autora determina *"Os contornos jurídicos da obrigação alimentar"*, já resgatando a ideia principal que se manifestará soberana no capítulo derradeiro, esta, no sentido de que a obrigação de sustento dos filhos é primordialmente dos pais, estendendo-se aos avós, apenas em situações excepcionais.

O recurso à valiosa jurisprudência colacionada em apoio à doutrina sustentada auxilia o leitor na compreensão de uma tese cautelosa que admite a obrigação alimentar avoenga em situações de caráter excepcional e, jamais, como regra geral, como pretendem, determinados segmentos de operadores do direito (juízes e advogados). É que a leitura apressada do dispositivo legal, desconsiderando as peculiaridades de cada dinâmica familiar (sempre diferentes e excludentes) pode conduzir à decisões gritantemente iníquas.

Na análise do binômio *"necessidade-possibilidade"* a autora enfrenta com rara coragem a questionável regra que, como é sabido, nunca serviu de parâmetro à determinação da quantificação da obrigação alimentar e, muito menos, pode legitimar qualquer pretensão do credor *"de modo compatível com sua condição social"*.

Em doutrina inédita, a autora sustenta que a tão invocada manutenção da *"condição social"* somente deve se aplicar aos filhos menores de pais separados (hoje divorciados) decorrente do poder familiar, mas não oriunda do casamento, nem das relações de parentesco, desobrigando, assim, a obrigação de um irmão garantir a condição social de outro e, igualmente, de um avô proporcionar ao neto o padrão de vida que mantinha na casa dos pais.

Conforme se depreende da leitura citada, estamos diante de uma tese nova e revolucionária que, devidamente ratificada pelo Poder Judiciário, imprimiria uma nova feição à obrigação alimentar, especialmente a avoenga, contrariando a intenção materializada pelo legislador no novo texto codificado.

No capítulo derradeiro, a autora emprega a palavra chave que determina a pretensa igualdade de obrigação alimentar nos dois níveis (ou patamares) a que nos referíramos anteriormente. Com efeito, a expressão *"conflito"* dos direitos fundamentais entre avós e netos, de certa forma, prepara o cenário onde vai se desenrolar todo o questionamento maior da obrigação alimentar avoenga, na medida em que, conforme já tivemos oportunidade de doutrinar, mesmo se reconhecendo que a obrigação alimentar dos avós, no terreno meramente jurídico, é matéria praticamente aceita (nos dois sentidos, isto é, nas hipóteses de crédito e de débito) esta aceitação não se manifesta com a mesma tranquilidade no terreno social. E, ainda, se no terreno pessoal, a dinâmica do pedido não é natural e espontânea, como pretende a lei, é porque existe uma fundamental diferença entre uma mera obrigação legal e o dever moral de prestar alimentos.

Por isso, Maria Aracy, abre o capítulo com a análise do *"papel dos avós na estrutura familiar"*, mapeando tendências e condutas da sociedade brasileira para ato contínuo, examinar as *"peculiaridades da obrigação avoenga"* e, finalmente, *"as fronteiras da responsabilidade."*

Em nenhum momento da análise, a autora se afasta, ou faz concessões, à ideia diretora de seu pensamento, no sentido da excepcionalidade da hipótese e dos limites que devem ser procurados, se não no texto legal, na aporte dos operadores do direito e nas soluções manifestadas na jurisprudência nacional.

Em proposta novamente inédita, Maria Aracy legitima sua postura na busca do equilíbrio entre a dignidade do idoso, como direito fundamental garantido tanto na Constituição brasileira, quanto na legislação infra-constitucional (Estatuto do Idoso), demonstrando que a extensão indiscriminada da responsabilidade parental aos avós, além de *"ilegítima e ilegal"* é *"preocupante e inexplicável"*. Na realidade, é uma proposta "inicial" que ainda se encontra totalmente aberta à investigação, à observação e à confirmação pelo judiciário brasileiro; que não se limita ao mero ambiente jurídico mas que, certamente, desaguará em outras disciplinas meta-jurídicas (antropologia e sociologia, como bem ressaltado pela autora).

O que "morde" na proposta da autora (empregando-se a expressão pontiana) é a constante preocupação em não fazer *tabula rasa* dos dispositivos legais, encarando-os como matéria não pacificada e merecedora de permanente análise, revisão e apreciação, de modo a não legitimar situações injustas e que ficam negadas pelas noções elementares de equidade, bom senso e razoabilidade. A mera consideração desta característica que permeia todo o trabalho de Maria Aracy já justifica sua inquestionável inserção da galeria da produção jurídica útil, valiosa e necessária.

Maria Aracy questiona, contesta e provoca os estudiosos a reverem suas posições, a saírem do marasmo das situações "postas", a reagir contra as exegeses simplistas que acabam se acomodando aos meios-termos das decisões dos "porcentuais módicos", nas quais o julgador se autolibera de qualquer sentimento de injustiça, "pois nem deixou de atender ao pedido do neto, nem 'sobrecarregou' os avós."

É contra este "meio-termo comodista" que a voz de Maria Aracy se levanta e se rebela, convocando todos os operadores do direito a fazer justiça, por meio de suas contribuições inovadoras e corajosas, não uma meia justiça de fachada, mas uma Justiça que efetivamente garanta sempre o interesse maior das crianças, sem comprometimento das legítimas prerrogativas de sossego e paz dos avós.

Não se trata de negar alimentos aos netos, como bem ponderado em sua tese, mas trata-se, sim, de ponderar a situação que se impõe entre netos criança-adolescente e avós-idosos. A frase derradeira de sua conclusão parece resumir, de forma soberana seu pensamento: "Na colisão de normas de direito fundamental, a *ponderação* é o elemento básico para determinar sua precedência, e o modelo dos princípios se mostra o mais adequado para flexibilizar os preceitos constitucionais na busca da concretização da máxima justiça possível."

Certamente a obra *"Os limites da obrigação alimentar dos avós"* representa um marco na evolução da doutrina brasileira sobre o tema mas, sobretudo, o impulso decisivo à efetiva análise e estudo pontual de matéria que ainda se encontra disponível à apreciação e reflexão dos doutos.

É com grande alegria e enorme satisfação que a entrego ao mundo jurídico brasileiro.

Curitiba, maio de 2011.

Eduardo de Oliveira Leite

Sumário

Lista de siglas e abreviaturas 13

Apresentação 15

Capitulo I – Os alicerces da relação alimentar 21
  1. Uma mirada ao passado 21
    1.1. A cidade antiga 22
    1.2. A organização da família 24
  2. A família brasileira 27
    2.1. O pré-descobrimento 27
    2.2. Período colonial 28
    2.3. Período imperial 29
    2.4. Pós-República 29
  3. A família e o Estado: as mudanças na Constituição 31
    3.1. A constitucionalização das relações de família 33
    3.2. Os reflexos da revolução industrial 34
    3.3. A afetividade como valor jurídico 36
  4. A evolução do instituto dos alimentos 37

Capítulo II – Os contornos jurídicos da obrigação alimentar 45
  1. Elementos tradicionais 45
    1.1. Fundamentos legais 45
      1.1.1. Conceito 45
      1.1.2. Alimentos naturais e civis 46
      1.1.3. A causa jurídica 48
      1.1.4. A afinidade e os alimentos 53
      1.1.5. Características da obrigação alimentar 58
    1.2. Os protagonistas da relação alimentar 62
    1.3. O destaque do binômio necessidade-possibilidade 64
  2. Dever de alimentos e dever de socorro 68
    2.1. A necessidade em sua dimensão contemporânea 70

    2.2. A busca de alimentos 74
        2.2.1. Situações simuladas 75
        2.2.2. A monoparentalidade 78
        2.2.3. Motivações afetivas 84
        2.2.4. Evidências da transpessoalidade 86
        2.2.5. Motivações econômicas 88
    2.3. Os elementos identificadores do dever de socorro 91
        2.3.1. O princípio da solidariedade 94
        2.3.2. O dever moral e o dever legal 95

Capítulo III – O conflito dos direitos fundamentais entre avós e netos 99
1. O papel dos avós na estrutura familiar 99
    1.1. O multigeneracionismo 99
        1.1.1. A responsabilidade da família ante a velhice 103
        1.1.2. Os reflexos da monoparentalidade na relação com os avós 108
    1.2. As peculiaridades da obrigação avoenga 112
    1.3. A complementaridade da pensão pelos avós 114
        1.3.1. Obrigação avoenga desvinculada do poder familiar 117
        1.3.2. A obrigação dos avós no direito estrangeiro 119
            1.3.2.1. Portugal 119
            1.3.2.2. Itália 120
            1.3.2.3. Argentina 122
            1.3.2.4. Costa Rica 124
        1.3.3. As consequências impactantes da liminar contra os avós 125
        1.3.4. A teoria da divisão matemática 127
        1.3.5. A falta do primeiro obrigado 133
        1.3.6. As fronteiras da responsabilidade 134
2. A busca do equilíbrio entre a dignidade do idoso, da criança e do adolescente 141
    2.1. A dignidade como direito fundamental da criança e do idoso 142
        2.1.1. A positivação do princípio da dignidade no ECA e no Estatuto do Idoso 148
        2.1.2. O "melhor interesse" da criança e do idoso 152
    2.2. A peculiar ponderação entre necessidade e possibilidade na delimitação da obrigação avoenga 153

Conclusão 159

Referências bibliográficas 167

Lista de siglas e abreviaturas

AC	– APELAÇÃO CÍVEL
AG	– Agravo
AI	– Agravo de Instrumento
Ap.	– Apelação
Art.	– Artigo
CC e/ou CCB	– Código Civil brasileiro
CCP	– Código Civil português
C.C.	– Câmara Cível
CCTJ	– Câmara Cível do Tribunal de Justiça
CF	– Constituição Federal
CRFB	– Constituição da República Federativa do Brasil
Des.	– Desembargador
DIEESE	– Departamento Intersindical de Estatística e Estudos Socioeconômicos
ECA	– Estatuto da Criança e do Adolescente – Lei nº 8.069, de 13/7/1990
Emb. Decl.	– Embargos de Declaração
IBGE	– Instituto Brasileiro de Geografia e Estatística
J.	– Julgamento
LD	– Lei do Divórcio: Lei nº 6.515, de 26/12/1977
NAF	– Núcleo de Atendimento Familiar
PL	– Projeto de Lei
PEC	– Projeto de Emenda Constitucional
Rel.	– Relator
REsp.	– Recurso Especial
STF	– Supremo Tribunal Federal
STJ	– Superior Tribunal de Justiça
TJDF	– Tribunal de Justiça do Distrito Federal
TJMG	– Tribunal de Justiça do Estado de Minas Gerais
TJRS	– Tribunal de Justiça do Estado do Rio Grande do Sul

TJSC	– Tribunal de Justiça do Estado de Santa Catarina
TJSP	– Tribunal de Justiça do Estado de São Paulo
TJPR	– Tribunal de Justiça do Paraná
TJES	– Tribunal de Justiça do Espírito Santo
TJAM	– Tribunal de Justiça do Amazonas

Apresentação

O sistema jurídico brasileiro, como um todo, não concede aos avós o direito que lhes compete, nem a consideração de que são merecedores.

Não raro, nos fóruns e tribunais, conforme se vê na jurisprudência, em publicações, *sites* jurídicos e notícias de jornais, os avós, via de regra os velhos, pobres, aposentados, pensionistas, são obrigados, de forma imposta pela Justiça, a pagar pensão alimentícia aos seus netos de forma a que somente lhes reste o indispensável para comer – e sequer para os seus remédios lhes sobra. Para os netos, o lazer; para os avós, o sacrifício. A responsabilidade parental é simplesmente transferida para os avós, ante a omissão, ou a impossibilidade, ou a ausência dos pais.

O Estatuto da Criança e do Adolescente – ECA –, é utilizado ao mesmo tempo como uma Bíblia e como uma arma. Bíblia quando tudo pode ser concedido a favor da criança, e arma quando nada é considerado a favor dos avós. O "melhor interesse da criança" é visto de forma absoluta, e em nome dele, sacrificam-se os avós, no mais das vezes idosos. Não se cogita do "melhor interesse do idoso".

Esse equívoco merece ser reparado, e este trabalho se propõe a demonstrar que a obrigação avoenga não é a mesma obrigação dos pais, e que, mesmo que a lei assim o determine – embora de forma não tão explícita – as decisões e entendimentos majoritários são em sentido contrário, igualando as responsabilidades alimentares dos pais e dos avós.

Em hipótese alguma, sejam pobres ou sejam ricos, estejam os netos representados por seu pai ou por sua mãe, ou ainda por ambos ou por terceiros, não se pode permitir que seja agredida a dignidade dos avós para beneficiar os netos, mesmo sob o manto do princípio da dignidade da criança ou adolescente, pois são os avós tão sujeitos de direito quanto quaisquer outros sujeitos. Os pais podem e devem se privar, se necessário, de bens e confortos a favor de seus filhos, mas os avós não têm essa obrigação, pois já fizeram a sua parte, cumpriram seu dever legal e moral ao criarem seus próprios filhos, e, agora, como ascendentes de segundo grau, têm outro papel a exercer que não o de pais: eles devem ser simplesmente avós. Sua atuação junto aos netos é mais suave, mais leve, com menos responsabilidades, e com muita afetividade.

Os avós são os ascendentes de segundo grau. O primeiro grau corresponde aos pais, e a eles é atribuída, não somente de direito, mas também de fato, a responsabilidade alimentar dos filhos, criá-los e educá-los, assim como seus próprios pais – agora avós – já fizeram um dia. Essa responsabilidade parental, da qual muitos tentam se esquivar, numa paternidade irresponsável, não é dos avós: é, como o próprio nome já o diz, dos pais.

Existe no Brasil lei a determinar obrigação alimentar dos avós com relação aos netos. Em que se constitui essa obrigação? Até que ponto vai tal obrigação? Como se situa essa obrigação face ao preceito constitucional que lhe deu origem? O que dizem, exatamente, nossas leis? Como essa obrigação está sendo recepcionada pelos doutrinadores e pelos juízes? Quais as origens dessa obrigação? Como foi o seu desenvolvimento, e que fatores contribuíram para o atual entendimento?

Dentro dessa proposta, este trabalho se propõe a examinar as fases do direito brasileiro, a obrigação alimentar antes e depois do Código de 1916, fazendo um retrospecto histórico do direito e da família através dos tempos: seu significado, seus deveres e responsabilidades – desde a afetividade até a responsabilidade jurídica familiar ante a velhice.

O livro foi dividido em três capítulos.

No primeiro capítulo, examinam-se os alicerces da relação alimentar, olhando para nossa história, para as fases do direito brasileiro, a obrigação alimentar antes e depois do Código de 1916, num retrospecto do direito de família, vendo a família através dos tempos, seus significados, direitos, responsabilidades, desde o descobrimento, a herança dos portugueses, o sentimento de família, as fases do Brasil, o sentimento peculiar de afetividade deste país, e a família nas constituições brasileiras. Busca-se, sempre, evidenciar um ponto básico: os avós não têm a mesma responsabilidade alimentar dos pais e não podem ser condenados a levar sobre seus ombros uma carga que não lhes pertence.

Para melhor abordagem do tema, impõe-se um enfoque de multidisplinariedade, de forma a unir o sociológico, o histórico e o jurídico. Afinal, "toda re-produção já é interpretação desde o início e quer ser correta enquanto tal. Nesse sentido, também ela é compreensão".[1] Não se pode subtrair a historiografia e a investigação histórica da competência da reflexão histórico-efeitual, sob pena de reduzi-la a indiferença extrema.[2]

Pontes de Miranda ensinava que "para medir, é preciso o estalão, o processo comparativo e o assinalar de marcos, de graus, de estágios",[3] e assim entendeu necessário situar no tempo e no espaço o Código Civil de 1916. Da mesma forma, para o desenvolvimento do estudo a que ora se propõe, é necessário situar no tempo e no espaço o papel dos avós, seu desempenho, a obrigação que lhes é atribuída com relação aos netos, e o desenvolver do ordenamento jurídico brasileiro.

No segundo capítulo, estão estabelecidos os contornos jurídicos da obrigação alimentar, com exame dos fundamentos legais e da sua natureza jurídica, definindo os sujeitos da obrigação, tanto no polo ativo quanto no passivo, e examinando as características da obrigação alimentar que se relacionam com o tema, com ênfase no binômio *necessidade-possibilidade*.

O exame do conceito de "necessidade" é feito sob a ótica contemporânea, onde as mulheres não mais são dependentes economicamente de seus maridos – ou do pai de seus filhos. Examinam-se as formas de obter alimentos bem como as motivações que levam uma pessoa a pleiteá-los em juízo. A autora apresenta sua tese, já esboçada por ocasião de sua titulação de Mestre, na qual define como "transpessoalidade na pretensão alimentaria", o recurso utilizado quando o proponente da ação de alimentos, filho ou neto, na verdade "esconde" por trás do pedido a nora que requer alimentos para si própria. Muitas vezes não são os netos que necessitam dos

---

[1] GADAMER, Hans-George. *Verdade e método*. 6. ed. Petrópolis: Vozes, 2004, p. 18.
[2] GADAMER, Hans-George. *Verdade...*, p. 18-19.
[3] MIRANDA, Pontes de. *Fontes e evolução do Direito Civil brasileiro*. 2. ed. Rio de Janeiro: Forense, 1981, p. 1.

alimentos, mas a nora, que utiliza seu filho como instrumento para obter o seu próprio benefício.

Encerrando o segundo capítulo, é estabelecida a distinção entre o dever de alimentos e o dever de sustento, assistência e socorro. Embora não haja uma clara definição a esse respeito na doutrina, pode-se concluir que existe estreita relação com os alimentos naturais e civis, correspondendo o "dever de alimentos" aos alimentos naturais, essenciais à vida, e "o dever de assistência e socorro" mais amplo, mais abrangente, aos alimentos civis. Seria, também, o correspondente aos *"alimenti"* e *"mantenimenti"* do direito italiano.

O terceiro capítulo trata da obrigação alimentar dos avós e do seu aparente conflito de direitos fundamentais no direito de família brasileiro.

Numa abordagem inicial, procura-se situar o papel dos avós na dinâmica familiar. Com o divórcio dos filhos, os pais muitas vezes se veem surpreendidos com seu retorno à casa paterna. Enquanto o homem volta para a casa de seus pais, a mulher, por sua vez, permanece no lar com os filhos e chama sua mãe para auxiliar na criação dos netos. A reviravolta da vida dos filhos casados e separados ocasiona uma reviravolta na vida dos seus pais. Muitos deles, aposentados, com modestos rendimentos, passam a ter importante papel na manutenção não só econômica, mas afetiva dos netos.

Passam a conviver três gerações sob o mesmo teto.

A mãe-guardiã, às vezes motivada pela vingança contra o marido que a abandonou, entra com ação de alimentos contra os avós paternos. Outras vezes, se desfrutava durante o casamento de um padrão de vida melhor, ajuíza ação em nome do filho, mas para que não tenha que trabalhar e possa ser sustentada pelos sogros.

Examina-se a convivência entre as gerações, e as consequências da monoparentalidade nas ações alimentares contra os avós. A falta de "disposição" para o trabalho, mesmo com capacidade para tanto, é vista como um elemento que subtrai dos filhos o necessário sustento que os pais deveriam lhe proporcionar, e faz com que as demandas sejam dirigidas aos avós.

Trata-se da distinção fundamental entre a obrigação alimentar decorrente do "poder familiar", exclusivo do pai e da mãe, daquela obrigação relativa aos avós – que decorre do parentesco, e é essencialmente diversa da obrigação parental. Fazem-se breves considerações sobre o direito estrangeiro, com os exemplos de Itália, Portugal, Costa Rica e Argentina

Discorre-se sobre o poder familiar e a complementaridade da pensão pelos avós, com destaque para a divisão das responsabilidades dos alimentantes, a falta do parente mais próximo e a reciprocidade preconizada pelo Código Civil.

Ainda no terceiro capítulo, postas as questões legais relativas ao direito de família e à obrigação alimentar, examina-se o aspecto constitucional, em que se busca um critério de equilíbrio entre o princípio fundamental da dignidade da pessoa idosa, e o princípio fundamental da dignidade da criança, do adolescente e do jovem, com vistas à delimitação da obrigação avoenga. É cotejado o estatuto do idoso com o estatuto da criança e do adolescente, buscando-se a flexibilização do binômio necessidade-possibilidade como critério de equilíbrio na obrigação alimentar avoenga sob a ótica constitucional. Exemplifica-se com decisões judiciais a tendência a preponderar as necessidades dos netos em detrimento das necessidades dos avós.

Conclui-se, então, que a responsabilidade alimentar dos avós é indevidamente estendida além dos limites legais e também constitucionais, pois os avós são tratados como se pais fossem, com a imposição de sacrifícios e privações a que não estão obrigados.

A preferência dada à criança e ao adolescente em cotejo com os avós é explícita, indevida e demasiada. Os avós são sujeitos de direito, merecedores da atenção a que fazem jus constitucionalmente, e têm direito moral à felicidade. Os avós devem ter a possibilidade de exercitar sua liberalidade afetiva para com os netos, traduzida e materializada em cuidados, atitudes de carinho, presentes e lazer. Mas não se pode confundir liberalidade afetiva com obrigação legal.

Os avós merecem um olhar mais legal, mais constitucional, mais justo.[4] Demonstrar o equívoco que se pratica contra os avós é a proposta desta obra.

---

[4] Justo concreto, considerado juridicamente, em que os "o indivíduo é sujeito de direitos não por meio do Estado, mas deve, por sua natureza, ser respeitado pelo Estado.". HECK, Luís Afonso. O modelo das regras e o modelo dos princípios na colisão de direitos fundamentais. *Revista dos Tribunais*, São Paulo: RT, v. 89, n. 781, p. 71-78, nov. 2000, p. 72.

Capítulo I
Os alicerces da relação alimentar

1. UMA MIRADA AO PASSADO

O povo brasileiro tem a fama de ser um povo afetivo, caloroso, hospitaleiro. Esse afeto se destaca no comportamento das pessoas, e em especial nas relações familiares. Há uma grande diferença entre o comportamento dos personagens de um seriado americano e dos de uma minissérie brasileira. Enquanto aqueles se contêm ante a emoção e sequer se adiantam para um toque físico, mesmo de mão, o brasileiro já está "tocando", abraçando, sentindo o outro, demonstrando o seu afeto em atitudes físicas. A frieza que se evidencia nos americanos – sem deméritos por isso, apenas constatação – está longe do comportamento do brasileiro. E isso, por certo, tem uma origem, uma história.

Somente a "mirada a nosso passado" pode nos dar respostas, auxiliando na busca da origem de nosso comportamento, e da formação das leis que o foram disciplinando.

Assim, vê-se que nos sistemas sociais onde predomina a religião existe mais estabilidade, ao passo que onde prepondera a moral, diminui a estabilidade. Pontes de Miranda aponta sete processos adaptativos da sociedade: religião, moral, arte, ciência, direito, política e economia – este o mais instável, seguido pela política e pelo Direito. No sistema do direito, o catolicismo e o positivismo comtiano[5] opuseram resistência às ideias inovadoras; foi o que

---
[5] "Como orientação metodológica geral, o positivismo parte de uma premissa que em si é de natureza metafísica – a condenação ou o repúdio de toda a metafísica. Esta escola repercutiu-se na Ciência do Direito com o chamado "positivismo jurídico". Como facilmente se adivinha, o tema do Direito Natural foi dos mais atingidos. Este foi enfaticamente repudiado. Do dualismo que caracteriza outras

ocorreu com o divórcio no Brasil, que levou mais de meio século para se firmar e, depois de aprovado, necessitou ainda alterações em seu texto para que alcançasse efetividade: de início, somente era permitido divorciar uma vez. Com a modificação da lei, possibilitou-se ao cidadão divorciar tantas vezes quantas quisesse.[6]

1.1. A cidade antiga

Observamos que na antiguidade, entre os gregos e os romanos, toda casa tinha um altar, onde devia haver, sempre, restos de cinza e brasas. O fogo devia ser conservado dia e noite, o que se constituía em obrigação sagrada do dono de cada casa, e só deixaria de brilhar sobre o altar quando toda a família tivesse morrido. Os antigos costumavam dizer que "lar extinto, família extinta", pois extinguindo-se o fogo (a que chamavam "o lar"), desaparecia a divindade. Não era qualquer lenha que poderia alimentá-lo: somente as árvores indicadas pela religião poderiam alimentar o fogo; e nada de impuro poderia ser nele colocado, o que levava à conclusão de que nenhuma ação culposa poderia ser praticada na presença do "lar", que era o fogo sagrado. Ervas secas, lenhas e sacrifícios eram oferecidos ao "lar". O fogo sagrado tinha sido "deus antes dos outros deuses".[7]

A religião não se manifestava nos templos, mas nas casas. Cada casa tinha seus deuses, e cada deus não protegia mais de uma família, e não era deus em mais de uma casa. Essa religião nasceu espontaneamente no seio da família, cada uma criando seus próprios deuses; somente poderia se propagar pela geração. O pai transmitia ao filho não só a vida, mas a crença, o culto, o direito de manter o "lar". A geração estabelecia o vínculo misterioso entre o filho que nascia para a vida e todos os deuses da família, que constituíam a própria família. No entanto, a religião doméstica somente

---

épocas históricas: Direito positivo, como o direito que efetivamente vigora, e Direito natural, como um direito com um fundamento ideal de validade – só restará o primeiro termo. Só esse é positivo, e nada mais interessa ao positivismo jurídico." ASCENSÃO, José de Oliveira. *O direito:* Introdução e teoria geral. 2. ed. Rio de Janeiro: Renovar. 2001, p. 171.

[6] A Lei 7.841/1989 revogou o art. 38 da Lei 6.515/1977, que só admitia que as pessoas divorciassem uma única vez.

[7] COULANGES, Fustel de. *A cidade antiga:* estudo sobre o culto, o direito e as instituições da Grécia e Roma. 12. ed. São Paulo: Hemus, 1975, p. 11-51.

se transmitia de varão para varão, com a crença de que o poder reprodutor se concentrava somente no pai. A mulher só participava no culto por intervenção de seu pai, ou de seu marido. Quando morria uma mulher, ela não tinha a mesma manifestação no culto e cerimônias fúnebres.[8]

A origem da família antiga não se limitava na descendência, mas na varonilidade, pois irmã na família não se igualava ao irmão, e filho emancipado e filha casada deixavam de fazer parte da família.

A base da família antiga não era o afeto natural, mas a religião do lar e dos antepassados. A família antiga era mais associação religiosa do que associação da natureza. A mulher somente passou a ter visibilidade e a ser melhor considerada com a cerimônia sagrada do casamento; o filho não contava mais para a família depois de ser emancipado ou após renunciar ao culto, ao passo que o adotado, ao contrário, se tornava um verdadeiro filho para a família, apesar de não haver laços de sangue, porque a comunhão do culto era maior e melhor do que o sangue.

Já na família antiga, a manifestação da afetividade preponderava sobre a consanguinidade.

Mesmo não tendo sido a religião que criou a família, foi ela que ditou as regras.

A finalidade do casamento era a união de duas pessoas no mesmo culto doméstico, para delas nascer uma terceira pessoa em condições de continuar com o culto. O objetivo do casamento era a continuidade da família. A filha mulher não satisfazia os objetivos do casamento, não podia continuar com o culto, pois no dia em que se casava renunciava à sua família e ao culto de seu pai, para pertencer à família e ao culto do marido.

Pontes de Miranda destaca a importância do passado citando Clóvis Beviláqua:[9]

> [...] o passado nunca morre totalmente para o homem. O homem pode esquecê-lo, mas continua sempre a guardá-lo em seu interior, pois o seu estado, tal como se apresenta em cada época, é o produto e o resumo de todas as épocas anteriores. E se cada homem auscultar a sua própria alma, nela poderá encontrar e distinguir as diferentes épocas e o que cada uma dessas épocas lhe legou.[10]

---

[8] COULANGES, Fustel de. *A cidade antiga...*, p. 11-51.
[9] MIRANDA, Pontes de. *Fontes e evolução...*, p. 1.
[10] COULANGES, Fustel de. *A cidade antiga...*, p. 9.

Olhando para esse passado mais remoto, vamos encontrar nos costumes vigentes na América de hoje uma forte influência da Roma Antiga.

1.2. A organização da família

A América foi colonizada pelos europeus. Embora as classes sociais estivessem nitidamente separadas, as mesmas condições sociais atuavam sobre elas. A família passou por um primitivismo patriarcal, que, no dizer de Pontes de Miranda,[11] foi "muito claro e lamentável" no Brasil.

Poucas mulheres europeias podiam vir à América, pois as "Leys de Índia" restringiam sua saída para as colônias espanholas. Dessa forma, os espanhóis conquistadores necessitaram viver com as nativas, em concubinato ou então casando-se com elas, numa situação radicalmente diversa das tradicionais famílias europeias. Muitos dos que vieram aportar no Brasil, com família, sozinhos, logo se amancebavam com as nativas. Constituída dessa forma, esse tipo de união não era sólida, porque os homens mantinham seus vínculos de origem, e, por consequência, raramente havia o "afeto" conjugal que deveria ser o esteio da união. Tal comportamento originou um outro tipo de família, com características peculiares na América, notadamente em Brasil, Argentina e Chile.

O sociólogo Fernando Henrique Cardoso afirma que atualmente ninguém mais se espanta com a sociologia da vida privada. "Há até histórias famosas sobre a vida cotidiana. Mas nos anos 30, descrever a cozinha, os gostos alimentares, mesmo a arquitetura e, sobretudo a vida sexual, era inusitado".[12] O público e o privado antes eram totalmente distintos, e dos muros da casa para dentro, não se permitia a invasão de olhos curiosos.

O Brasil foi construindo socialmente a família, com improvisações mescladas de bigamia e concubinato, sendo importante identificar a origem do sentimento de "família".

---

[11] MIRANDA, Pontes de. *Fontes e evolução...*, p. 457.
[12] FREYRE, Gilberto. *Casa grande e senzala*: formação da família brasileira sob o regime da economia patriarcal. 50. ed. São Paulo: Global, 2005, p. 21.

Philippe Ariès concluiu que o sentimento de família era desconhecido da Idade Média e nasceu nos séculos XV – XVI, alcançando seu vigor no século XVII. Os historiadores da sociedade medieval relatam que os laços de sangue não se constituíam em um único grupo, mas dois, e distintos: a *família* e a *linhagem*. Ariès considera a história das relações entre família e linhagem muito "complicada" A família poderia ser constituída por membros que residiam juntos, mais de um casal, "mesnie", que viviam em uma propriedade que tinham se recusado a dividir, em um tipo de posse denominado "frereche" ou "fraternitas". Agrupavam em torno dos pais os filhos que não tinham bens próprios, sobrinhos, primos solteiros. Foi essa tendência que deu origem à "família patriarcal". A linhagem estendia sua solidariedade a todos os descendentes de um mesmo ancestral.[13]

A família medieval da Inglaterra não desenvolvia qualquer afeição com relação às crianças, que eram enviadas para casas de outras pessoas após os sete ou nove anos, enquanto eles recebiam crianças de outras famílias em suas casas para desempenharem os serviços domésticos e pesados – meninos ou meninas – ali permanecendo até os 14 ou 18 anos, na condição de "aprendizes". Os italianos censuravam esse costume inglês, ao que argumentavam os ingleses que suas crianças deveriam aprender "boas maneiras".[14] O serviço doméstico se confundia com a aprendizagem como forma comum de educação, pois as crianças de todas as camadas sociais tinham o mesmo tratamento. A educação vinha da aprendizagem prática. Na França dos séculos XVI e XVII, *"valet"* significava "menino pequeno", e *"garçon"*, rapazinho novo e servidor doméstico. Não havia lugar para a escola, que era exceção destinada aos clérigos. Mesmo os clérigos eram por vezes destinados a um padre a quem passavam a servir.

Mais tarde é que a educação passou a ser fornecida pela escola.

Até o fim do século XVII, ninguém ficava sozinho, mesmo dentro de sua própria casa, nem o rei, nem os súditos. Não havia intimidade, e a própria arquitetura da casa a isso levava, pois não havia a

---

[13] ARIÈS, Philippe. *História social da criança e da família*. 2. ed. Rio de Janeiro: Guanabara, 1981, p. 210-211.
[14] FURNIVAL, F. J. *apud* ARIÈS, Philippe. *História ocial...*, p. 225/226.

distinção entre área privada e área social. A casa era centro de vida social, frequentada por numeroso mundo. A partir do século XVIII, a família começou a manter a sociedade a distância, limitando o seu espaço e aumentando o espaço privado. Se antes era necessário atravessar um cômodo para passar para o outro, isso já não mais acontecia. Os cômodos passaram a ser independentes e, mesmo mantendo comunicação entre si, não havia mais camas por toda a parte, pois então já eram reservadas somente ao quarto de dormir. Na França e na Itália, as denominações *"chambre"* e *"salle"*, antes praticamente sinônimas, passaram a significar "cômodo de dormir" e "sala onde se recebe ou come". Os criados passaram a ser mantidos a distância, e eram chamados pelo som da campainha.[15]

Esse sentimento estava situado apenas sob o antigo regime, pois profundas modificações foram se operando no seio da família.

No Brasil, como afirma Pontes de Miranda, o direito se caracteriza pela tolerância, afetividade e conteúdo ético, cercado por sugestões patriarcais e capitalistas. Censura o jurista o conteúdo tolerante do Código Civil de 1916, imposto por Clóvis Beviláqua, sustentando que não é um benefício o direito brasileiro ser "afetivo", pois "ao tempo em que facilita a obra de liberdade aos que dela necessitam, afrouxa a função de defesa social que há nos sistemas jurídicos".[16] A afetividade dos brasileiros é conhecida e decantada pelo mundo inteiro, e como não poderia deixar de ser, tem suas consequências no mundo jurídico. Beviláqua afirma que os elementos que constituem a família são, primeiramente, o amor que faz aproximar os dois sexos, e em um segundo momento, o amor filial e os cuidados para a conservação da prole, que trazem mais emoção à vida em comum do homem e da mulher, e fazem com que sua relação se torne mais duradoura. Estes elementos são a pura manifestação do instinto de conservação da espécie, e se encontram em qualquer família, seja racional-humana – ou irracional-animal.[17]

O Brasil, até o fim do século XV, apresenta uma história pré--colombiana, pois foi descoberto no ano de 1500, por Pedro Álvares

---

[15] ARIÈS, Philippe. *História social...*, p. 265/266.
[16] MIRANDA, Pontes de. *Fontes e evolução...*, p. 441/442.
[17] BEVILÁQUA, Clóvis. *Direito de família*. 7. ed. Rio de Janeiro: Ed. Rio, 1976, p. 16.

Cabral, tendo os descobridores trazido consigo sua bagagem jurídica e emocional.

2. A FAMÍLIA BRASILEIRA

A família brasileira, assim como a própria história do Brasil, apresenta fases distintas. O Brasil tem sua história dividida em quatro períodos gerais: 1º) do pré-descobrimento até 1500; 2º) Brasil colônia, de 1500 a 1822; 3º) Brasil monárquico ou império, da independência em 1822 até a proclamação da república em 1889; e 4º) Brasil República, de 1889 aos dias atuais, com marcante distinção do períodos anterior e posterior ao Código Civil de 1916. E, em cada período, o núcleo familiar apresenta também características peculiares.

2.1. O pré-descobrimento

Antes do descobrimento, os índios eram os habitantes das terras brasileiras.

Os portugueses, descobridores do Brasil, trouxeram o seu Direito para a terra conquistada. Assim, o direito Romano, Germânico e Canônico, no qual a sistemática portuguesa teve suas raízes, foram refletidos com os colonizadores no direito brasileiro, somados às características próprias e assimilações naturais dos costumes e modo de vida lusitano. "O nosso direito não vem da semente, mas de um galho, que se plantou".[18] Esse *galho* vindo do direito português trouxe em suas raízes características próprias de cada uma de suas origens, como o *direito romano*, mais político do que moral e religioso; o *direito germânico*, mais moral do que político ou religioso; e o *direito canônico*, mais religioso do que político ou moral.

Conforme Pontes de Miranda, "o direito de feição econômica, ou veio das nações modernas, ou nasceu do próprio solo, como fecunda emanação da vida".[19]

---

[18] MIRANDA, Pontes de. *Fontes e evolução...*, p. 28.
[19] MIRANDA, Pontes de. *Fontes e evolução...*, p. 28.

A influência europeia somou-se à cultura indígena existente no Brasil, resultando em um antagonismo de cultura e economia: cultura europeia e indígena, europeia e africana, africana e indígena; e economia agrária e pastoril, agrária e mineira. Paradoxos se formaram também entre o católico e o herege, o jesuíta e o fazendeiro, o bandeirante e o senhor de engenho, o paulista e o emboaba, o pernambucano e o mascate, o grande proprietário e o pária, o bacharel e o analfabeto – e, acima de tudo e de forma marcante, entre o senhor e o escravo.[20]

Sob o ponto de vista sociológico, não se pode negar as formações de famílias com caráter extrapatriarcal, extracatólicas, de influência africana e de sistemas morais e religiosos diferentes do trazido pelos portugueses católicos, mas nem por isso podendo ser considerados imorais.[21]

Já com a descoberta da América, a vida dos indígenas foi extremamente afetada, e seus hábitos e costumes modificados pelos colonizadores. O equilíbrio até então existente entre o homem e seu meio físico foi desfeito.[22] O colonizador português foi o que melhor se relacionou com as raças então consideradas "inferiores", pois apesar de escravocrata ferrenho foi menos cruel na relação com os escravos que o inglês e o espanhol.

2.2. Período colonial

O português manifestava tendência a contatos voluptuosos com mulheres exóticas, mesmo sem considerar a falta de mulher branca, comportamento esse que gerou fortes críticas de Gilberto Freyre.[23] Destaca também o autor que "todo brasileiro, mesmo o alvo, de cabelo louro, traz na alma, quando não na alma e no corpo – há muita gente de jenipapo ou mancha mongólica pelo Brasil – a sombra, ou pelo menos a pinta do indígena ou do negro",[24] este preponderando no litoral, do Maranhão ao Rio Grande do Sul, e em Minas Gerais.

---

[20] FREYRE, Gilberto. *Casa grande...*, p. 117.
[21] FREYRE, Gilberto. *Casa grande...*, p. 130.
[22] FREYRE, Gilberto. *Casa grande...*, p. 157.
[23] FREYRE, Gilberto. *Casa grande...*, p. 265-267.
[24] FREYRE, Gilberto. *Casa grande...*, p. 367.

No Brasil dos primeiro séculos de colonização eram comuns os casamentos entre parentes – tio com sobrinha, primo com prima – tudo com o fim de não dispersar os bens e conservar a "pureza do sangue" nobre ou ilustre. As mulheres casavam-se cedo, aos doze, treze ou quatorze anos. Mesmo assim, eram muitas as brigas por questões de terra e herança entre os parentes.

2.3. Período imperial

Em 1822, ocorreu a independência do Brasil com relação a Portugal. Em 20 de outubro de 1823, foi sancionada lei determinando que no novo país vigorassem as ordenações, leis e decretos que haviam sido promulgados pelos reis de Portugal até 25 de abril de 1821, enquanto não se organizasse novo Código ou não fossem alteradas tais leis.

A Constituição do Império, de 25 de março de 1824, mandava organizar o quanto antes um Código Civil e um Criminal, baseados na justiça e na equidade.[25] No entanto, a espera durou quase um século, mantendo-se a terra conquistada sob o regramento das "Ordenações do Reino", mesmo que já revogadas em Portugal, e segundo Teixeira de Freitas, "pobríssimas", tendo que buscar fontes no direito romano.

Sentia-se a pressão de necessidades próprias de uma terra de miscigenação e de multiplicidade de raças e etnias.

2.4. Pós-República

Até 1917, o Brasil foi regido pelas ordenações filipinas.

No decorrer do século XX, a família sofreu mudanças em sua natureza, composição e função, sobretudo com o advento do Estado social, que passou a se interessar mais pela família, e, consequentemente, ampliar a tutela constitucional, ampliar os interesses protegidos e definir modelos que nem sempre se amoldam à evolução social.

No lugar da família patriarcal, que a legislação do Código Civil de 1916 tomou como modelo, surgiu uma nova família, atual,

---

[25] BEVILÁQUA, Clóvis. *Código Civil dos Estados Unidos do Brasil*: comentado por Clóvis Beviláqua. Rio de Janeiro, Ed. Rio, 1984. v. 1, p. 12.

valorizando o vínculo da afetividade, tendo como princípios básicos a liberdade e a igualdade. E, como diz Lobo, *in verbis:*

> [...] "enquanto existir affectio, haverá família (principio da liberdade)" e essa família passa a ser consolidada na "simetria, na colaboração, na comunhão não hierarquizada (principio da igualdade)".[26]

Há doutrinadores que defendem que o valor do afeto substituiu o interesse pelo patrimônio:

> A família, convertendo-se em espaço de realização da afetividade humana, marca o deslocamento da função econômico-procriacional para essa nova função. Esse fenômeno jurídico-social pode ser denominado tendência à repersonalização, valorizando-se os interesses da pessoa humana mais do que o patrimônio que detenham, nas relações de família.[27]

No entanto, verifica-se que, ao mesmo tempo em que nas relações entre os casais o afeto ganhou dimensões e passou a ser juridicamente valorizado, o espírito patrimonialista não abandonou o direito de família brasileiro, o que notadamente se observa no direito sucessório, ligado ao regime de bens do casamento,[28] e na legalização da União Estável, com direitos patrimoniais e sucessórios.[29]

O Estado tem o dever constitucional de dedicar especial proteção à família, seja matrimonial ou extramatrimonial. A família já não tem mais em suas características as funções religiosa ou política; também a família nuclear não se parece mais com a família patriarcal, modelo que serviu de base para Código Civil de 1916. Hoje já não mais se organiza em uma rígida hierarquia, mas sim na comunhão dos interesses e vida comuns. Alem disso, a função procriacional também foi superada, na medida em que cada vez mais numerosos são os casais sem filhos, ou os que preferem viver sós.

Afirma Paulo Lobo que todos estes anteriores modelos ou funções da família já estão superados, e que prevalece hoje, quase exclusivamente, como função ou elemento fundamental de estabi-

---

[26] LOBO, Paulo Luiz Neto. A repersonalização das relações da família. In: BITTAR, Carlos Alberto (Coord.). *O direito de família e a constituição de 1988.* São Paulo: Saraiva, 1989, p. 54.

[27] LOBO, Paulo Luiz Neto. A repersonalização das relações..., p. 54, 55.

[28] Ver artigo 1.829 do Código Civil, que modificou substancialmente a sucessão legítima, estabelecendo o que se denomina "concorrência sucessória".

[29] Ver artigos 1.723, 1.725 e 1.790 do Código Civil.

lidade da família, a *afetividade*, pois "os laços que a unificam não são mais os de caráter econômico e procracional, mas os do afeto. Aqueles desempenham papel complementar, quando é o caso. Nem sempre são necessários".[30] Afirma o autor que no mundo inteiro cresce a concepção da família como "agência de amor", visando à realização pessoal íntima da pessoa humana. Em decorrência disso, os laços de solidariedade entre pais e filhos são fortalecidos pelo legislador, consolidando-se os deveres recíprocos mesmo quando os filhos deixam a casa da família.[31]

Mesmo evidenciando um caráter absolutista nas afirmações do jurista, com cuja teoria não comunga a autora, pode-se observar que com a evolução do Estado Moderno (absolutista, liberal e social), a família sofreu modificações. As constituições liberais não tratavam da família, ao passo que as constituições sociais a tratam como a base da sociedade, como o fez a atual Constituição.

3. A FAMÍLIA E O ESTADO: AS MUDANÇAS NA CONSTITUIÇÃO

A família e o Estado sofrem limitações recíprocas. Sendo a família a base da sociedade, "aí reside a principal limitação do Estado. A família não pode ser impunemente violada pelo Estado, porque seria atingida a base da sociedade a que serve o próprio Estado".[32] Por outro lado, há situações em que não se pode deixar a decisão exclusivamente para a família, nos casos em que se tem em jogo interesses sociais ou públicos, como por exemplo: "é de interesse social que se assegure a ajuda recíproca entre pais e filhos e parentes próximos e que o abandono familiar seja punido".[33] Confundem-se e intercalam-se o público e o privado.[34] Será a família uma questão de ordem privada ou de ordem pública?

---

[30] LOBO, Paulo Luiz Neto. A repersonalização das relações..., p. 57.
[31] LOBO, Paulo Luiz Neto. A repersonalização das relações..., p. 57.
[32] LOBO, Paulo Luiz Neto. A repersonalização das relações..., p. 58, 59.
[33] LOBO, Paulo Luiz Neto. A repersonalização das relações..., p. 59.
[34] SALDANHA, Nelson. *O jardim e a praça:* o privado e o público na vida social e histórica. São Paulo: Edusp, 1993.

Entre os diversos sentidos dados ao vocábulo "família", três acepções merecem destaque: em sentido lato, em sentido restrito e em sentido intermédio.

Família em *sentido lato* se refere a todas as pessoas ligadas por vínculos de casamento, parentesco, afinidade, adoção; em *sentido restrito*, compreende o pai, a mãe (o casal) e os filhos – é a família "nuclear", conjugal, com base na sociedade paterno-filial. E em *sentido intermédio*, refere-se ao grupo de pessoas que vive debaixo do mesmo teto, sendo o "lar" o elemento aglutinante.[35]

Três teorias buscam esclarecer a natureza jurídica da família: pessoa moral, organismo jurídico e instituição. Como "pessoa moral", à família são atribuídos direitos morais e patrimoniais. Como organismo jurídico, cada membro ocupa uma posição distinta e especial, sujeitando-se ao interesse familiar, da mesma forma que no Estado os indivíduos são interdependentes e sujeitos ao Estado. Como instituição, existe uma ideia de obra – ou de empresa – que se realiza e permanece no meio social mediante um poder que a realiza, "havendo entre os indivíduos que formam o meio social manifestações de comunhão dirigidas pelos órgãos do poder e reguladas por processos".[36]

Com relação ao *poder familiar*, no direito romano existia o *patria potestas*, poder exclusivo do *pater familias* – chefe absoluto – sobre todos os seus descendentes, as mulheres casadas *cum manu*, os adotados e os arrogados. Assim, é pertinente a lição de Eduardo Santos, *in verbis*:

> Pela adoção (*adoptio*) um *alieni iuris* saía da sua família natural e da *potestas* do seu *paterfamilias* para ingressar na família do adotante. Pela arrogação (*arrogatio* ou *adrogatio*) um *sui iuris* ingressava, com todas as pessoas sujeitas à seu *potestas*, na família do adotante. E o *potestas* do *paterfamilias* era exclusivo e absoluto, tinha o direito de vida ou de morte – *ius vitae et necis* – sobre as pessoas sujeitas ao seu poder; podia vendê-las (*ius vendendi*); podia abandoná-las ou expô-las (*ius exonendi*); podia cedê-las a título de ressarcimento dos danos (*noxae*) por elas causados (*ius noxae dandi*).[37]

O *patria potestas* era amplo e ilimitado, sobre todas as pessoas livres de sua família, sem distinção de solteiros ou casados, meno-

---

[35] SANTOS, Eduardo dos. *Direito de família*. Coimbra: Almedina, 1999, p. 13.

[36] SANTOS, Eduardo dos. *Direito de família*..., p. 18-20.

[37] SANTOS, Eduardo dos. *Direito de família*..., p. 509.

res de idade ou maiores de idade. Era um poder vitalício, do qual o detentor poderia abrir mão pela *emancipatio*, com o que liberava o filho.

O sistema romano do *patria potestas* era imune a deveres, apenas determinava poderes. Não visava a qualquer proteção dos filhos. Nessa linha, também os bens dos filhos – pecúlios – eram egoística e totalmente administrados pelos pais.

3.1. A constitucionalização das relações de família

O Brasil, herdeiro do "pátrio poder" romano, foi aos poucos modificando esse quadro rígido e dominador através da constitucionalização das relações de família.

As Constituições brasileiras em regra não tratam igualmente a família legítima e as demais manifestações de união familiar, que por vezes não são nem referidas. A Constituição brasileira de 1988, em caráter inovador, refere-se à *União Estável* como entidade familiar, e preceitua que se deva facilitar sua conversão em casamento; menciona, também, a liberdade de divorciar. Isso demonstra a valorização da afetividade, o que é considerado, hoje, valor jurídico.[38]

A Constituição de 1824, de caráter liberal, não fez qualquer referência à entidade da família. Na Constituição de 1891, também marcada pelo mesmo caráter, não há menção específica à família, somente ao casamento no art. 74, § 4º, que diz: "A República só reconhece o casamento civil, cuja celebração será gratuita." Por outro lado, as Constituições sociais, de 1934, 1937, 1946, 1967-1969, e 1988, destinaram normas específicas à família, entre suas fases de autoritarismo e democracia.

A Constituição de 1934 dedica um capítulo inteiro à família.[39]

---

[38] Ver a esse respeito artigo de LOBO, Paulo Luiz Neto, que trata a afetividade como "princípio",na obra: Princípio jurídico da afetividade na filiação. In: PEREIRA, Rodrigo da Cunha (Coord.). *A família na travessia do milênio*: Anais do II Congresso Brasileiro de Direito de Família. Belo Horizonte: Del Rey, 2000, p. 245-253.

[39] "A Constituição de 1934 dedica um capitulo à família (arts. 144 a 147), sendo reconhecida apenas a legítima ('constituída pelo casamento indissolúvel'). Como destinação típica do Estado social, aparece pela primeira vez a referência expressa à 'proteção especial do Estado', que será repetida em todas as Constituições subseqüentes. Apesar da restrição à família legítima, avança-se na ampliação do con-

A Constituição de 1937, como a de 34, refere-se tão somente à família legítima. "A educação surge como dever dos pais. Os filhos naturais são equiparados aos legítimos. O Estado autoritário transforma-se em tutor da infância e da juventude, substituindo os pais em caso de abandono".[40]

A Constituição de 1946, nos arts. 163 a 165, refere-se apenas à família *legítima*, dando importância especial ao casamento indissolúvel. O Estado é "tutor-assistencial, estimulando a prole numerosa, e a assistência à maternidade, à infância e à adolescência".[41]

A Constituição de 1967, em seu art. 167, faz apenas pequenas alterações no que determinava a de 1946, sendo ainda mais concisa; e a Constituição de 1969, através da Emenda n. 9/77, torna dissolúvel o casamento, mas se refere expressamente apenas à família legítima.

Em relação à Constituição de 1988, o Estado não faz qualificações ou restrições na proteção à família, mas a família legítima continua sendo o tipo padrão constitucional. Os interesses tutelados em relação à família dizem respeito à pessoa, isto é, são personalíssimos e indisponíveis, e não patrimoniais. A família tem como base a igualdade total entre os cônjuges e os filhos, e as pessoas têm liberdade para constituir uma relação conjugal ou extingui-la, assim como liberdade sobre o número de filhos que pretendem ter. "Os direitos dos membros da união familiar são autônomos, independentemente do *status familiae* (estado de casado ou de filho)".[42]

3.2. Os reflexos da revolução industrial

Com a revolução industrial, os papéis foram se modificando: homens e mulheres necessitaram trabalhar em fábricas, os filhos passaram a não mais ficar tanto tempo com a mãe, e a escola passou a exercer importante papel na educação de crianças e adolescentes. As recreações que antes eram realizadas dentro do lar, passaram aos cinemas, teatro, *boites*, casas noturnas. As crises econômicas levaram ao controle da natalidade; a família passou

---

ceito: permite-se o reconhecimento dos filhos naturais (não adulterinos)". NETO LOBO, Paulo Luiz Neto. A repersonalização das relações..., p. 60.
[40] LOBO, Paulo Luiz Neto. A repersonalização das relações..., p. 60.
[41] LOBO, Paulo Luiz Neto. A repersonalização das relações..., p. 61.
[42] LOBO, Paulo Luiz Neto. A repersonalização das relações..., p. 61.

do *modelo tradicional* para o *modelo modernista*; os papéis desempenhados pelo homem e pela mulher se transformaram, adquiriram novas e diferentes *nuances*. Os papéis profissional, doméstico e educativo não mais são privilégios e exclusividade das mulheres. Desapareceu – constitucionalmente – a superioridade do homem com relação à mulher.

A família modernista, diferentemente da família tradicional, adquiriu nova conformação: a família deixou de ser a instituição em prol da qual todos deviam se sacrificar, para se tornar um referencial no qual as pessoas buscam a felicidade. Casamentos infelizes não mais perduram por toda a vida. "Não é mais o indivíduo que existe para a família e o casamento, mas a família e o casamento que vivem para o indivíduo".[43] Com isso, os cônjuges e os membros da família passaram a ter tanto deveres a serem cumpridos como direito moral à felicidade.

Defendem alguns juristas, em virtude disso, que o direito de família contemporâneo é calcado em relações pessoais, não sendo predominantes os interesses patrimoniais. Entretanto, a maioria dos Códigos Civis nos países ocidentais, influenciados pelo ideal liberal, tem como base o direito privado, inclusive o direito de família, a propriedade e os direitos patrimoniais. O modelo patriarcal ilustra essa concepção patrimonialista da família, na medida em que essa família tem como base o domínio do homem, e os filhos serão detentores do patrimônio paterno por sucessão, motivo pelo qual a paternidade deve ser incontestável.

O Código Civil brasileiro de 1916 apresenta conteúdo predominantemente patrimonial nas relações de família. No entanto, a partir da segunda metade do século XX, as bases da família patriarcal calcadas na concepção liberal da livre propriedade começam a ser modificadas, na medida em que se fortalecem os princípios da liberdade e igualdade dentro da família. Procurou-se firmar a ideia de que a proteção do patrimônio não deve ser maior que a proteção à pessoa. "Evidentemente, as relações de família também têm natureza patrimonial. Sempre terão. Quando, porém, passam a ser determinantes, desnaturam, como a historia retratou, a função da família".[44]

---

[43] SANTOS, Eduardo dos. *Direito de família...*, p. 28.
[44] LOBO, Paulo Luiz Neto. A repersonalização das relações..., p. 67.

3.3. A afetividade como valor jurídico

Hoje a família apresenta outros interesses que não essencialmente patrimoniais, está ligada por interesses pessoais, pela afetividade. A pessoa – e não apenas o patrimônio – passa a ser valorizada. Esse novo enfoque da família, em que o afeto e não mais o patrimônio passa a ser o centro das relações jurídicas, recebe o nome de "repersonalização". É como refere Paulo Lobo:

> A família é no presente, muito mais do que antes, o espaço de realização pessoal afetiva, despatrimonializada. [...] O interesse a ser tutelado não é mais o do grupo organizado como esteio do Estado, e das relações de produção existentes, mas das condições que permitem à pessoa humana realizar-se íntima e afetivamente, nesse pequeno grupo social.[45]

Ensina Perlingieri que a expressão "despatrimonialização", que considera pouco elegante, retrata uma tendência do ordenamento jurídico de concretizar aos poucos uma opção entre personalismo e patrimonialismo. No entanto, isso não significa expulsão ou redução do patrimonialismo no sistema jurídico, pois "o momento econômico, como aspecto da realidade social organizada, não é eliminável".[46] A divergência se encontra na "avaliação qualitativa" do momento econômico e na disponibilidade de encontrar um aspecto idôneo para uma justificativa institucional de suporte ao desenvolvimento da pessoa. O sistema passa a ser reconstruído tendo como suporte o valor da pessoa, de forma a conduzir na direção de um sistema econômico misto, privado e público, que tenha capacidade de produz modernamente e distribuir mais justiça.

Assim, as relações de consanguinidade não são mais vistas como únicas a terem importância jurídica, pois também são consideradas as relações de afetividade, ou seja, não somente a paternidade biológica é importante, mas também a paternidade afetiva. Os pais são aqueles que criam, e nem sempre são os que têm o mesmo sangue. Em virtude dessa modificação de princípios, a adoção passou a ser estimulada.[47] A possibilidade do divórcio, a capacida-

---

[45] LOBO, Paulo Luiz Neto. A repersonalização das relações..., p. 74.

[46] PERLINGIERI, Pietro. *Perfis do direito civil constitucional*. Rio de Janeiro: Renovar, 1999, p. 33-34.

[47] Ver: BRASIL. Lei nº 12.010, de 3 de agosto de 2009. Disponível em: <http://www.planalto.gov.br/ccivil_03/_Ato2007-2010/2009/Lei/L12010.htm>. Acesso em: 11 out. 2009. Nova lei da adoção.

de de poder decidir terminar com um casamento falido e começar uma nova relação são indicativos da afetividade como base da família, pois terminado o amor, não prevalecem, em regra, motivos ponderáveis para a manutenção do casamento.

A Constituição de 1988 acompanhou as mudanças. Inseriu, no capítulo da família, referência expressa à igualdade total dos cônjuges, e igualou também todos os filhos, independentemente da condição de seu nascimento, inclusive os adotivos. Também a família informal e a monoparental, e não apenas a família constituída pelo casamento, passaram a receber proteção do Estado.[48]

Nesse contexto evolutivo se pretende desenhar, para uma melhor compreensão, o panorama da obrigação alimentar.

4. A EVOLUÇÃO DO INSTITUTO DOS ALIMENTOS

O direito romano contemplava a obrigação alimentar com relação aos pais e ascendentes, reciprocamente, o que foi seguido pelas ordenações Filipinas. O assento de 9 de abril de 1772 foi o documento que originalmente ampliou essa obrigação, firmando entendimento que se manteve até o Código Civil de 1916.[49]

Anteriormente ao Código Civil, de acordo com a "Consolidação" de Teixeira de Freitas,[50] não era exigida a obrigação alimentar aos pais nas seguintes circunstâncias:

> 1º se contra eles haviam cometido os filhos alguma ingratidão, pela qual pudessem ser deserdados; 2º se, sem justa causa, abandonassem a casa dos pais, faltando-lhes com os obséquios e respeitos devidos; 3º se casassem contra a vontade dos pais, não tendo sido a falta do consentimento suprida pelo juiz. Para os irmãos, cessava a obrigação alimentar quando o alimentado se retirava da casa do

---

[48] Art. 226. A família, base da sociedade, tem especial proteção do Estado. [...] § 3º. Para efeito de proteção do Estdo, é reconhecida a união estável entre o homem e a mulher como entidade familiar, devendo a lei facilitar sua conversão em casamento. § 4º Entende-se, também, como entidade familiar a comunidade formada por qualquer dos pais e seus descendentes.

[49] BEVILÁQUA, Clóvis. *Direito de família...*, p. 384.

[50] Art. 170, §§ 3º, 4º e 5º. In: FREITAS, Augusto Teixeira de. *Consolidação das leis civis*. Brasília: Senado Federal, Conselho Editorial, 2003.

irmão a quem tinha pedido alimentos, e também quando casava sem a autorização dos pais comuns.[51]

Tal orientação, no entanto, não foi mantida pelo Código Civil de 1916. A Constituição de 1824 já determinara uma codificação, e em 1855 Teixeira de Freitas foi encarregado pelo governo imperial de elaborar a consolidação das leis civis, pois se haviam acumulado muitas leis avulsas sobre as Ordenações Filipinas de princípios do século XVII. Teixeira de Freitas então redigiu 1.333 artigos, precedidos por rica introdução, e muitas anotações, nos quais colocou toda a legislação civil em vigor, excluindo somente – e de propósito – o que se relacionava com a escravidão. Por problemas vários, inclusive de saúde, e com o projeto de Código Civil inacabado, Teixeira de Freitas rescindiu seu contrato em 1859, quando seu "Esboço" já estava quase pronto como "Código Civil". Tem-se conhecimento de que Teixeira de Freitas elaborou 4.908 artigos.

Clóvis Beviláqua elogiou Teixeira de Freitas, mas entendeu que o autor não demonstrou "com a necessária nitidez, o caráter próprio dos direitos que se desenvolvem na família, de modo a constituírem um grupo distinto de relações".[52]

Afirma Levi Carneiro que, apesar de Rui Barbosa ter sido o autor principal da primeira Constituição Republicana, e o evangelizador da democracia, Teixeira de Freitas o precedeu em cerca de vinte anos, com o "Esboço" quando iniciou o

> [...] culto do Direito no Brasil, com o devotamento a paixão a probidade de um apóstolo; desempoeirou, arrumou, classificou, clarificou a congerie imensa das leis coloniais reguladoras das relações civis; promoveu-lhes a reforma, a renovação, sob a inspiração dos mais altos ideais e de princípios originais. [...] foi, verdadeiramente, nosso primeiro jurisconsulto, o oráculo cujos ensinamentos, desde há quase um século, e ainda agora, orientam os que procuram a solução dos problemas de Direito Civil.[53]

Pontes de Miranda aponta duas regras fundamentais do direito a alimentos contidas no Código Civil de 1916: a) que os alimentos devem obedecer ao binômio necessidade-possibilidade, e

---

[51] BEVILÁQUA, Clóvis. *Direito de família...*, p. 386.
[52] BEVILÁQUA, Clóvis. *Linhas e perfis jurídicos*. Rio de Janeiro: Freitas Bastos, 1930, p. 125.
[53] CARNEIRO, Levi. Estudo crítico biográfico. In: FREITAS, Augusto Teixeira de. *Código Civil*: esbôço. Rio de Janeiro: Ministério da Justiça e Negócios Interiores, 1952, p. VII.

b) que o direito a alimentos pode não ser exercido, mas a ele não se pode renunciar.[54] Aponta o autor a diversidade do sistema português, no que toca à afinidade, pois lá são obrigados reciprocamente os sogros, genros e noras (art. 206 Código português),[55] enquanto no Brasil não há obrigatoriedade de alimentos entre afins, mesmo em linha reta.

Na França, a obrigação era de reciprocidade no parentesco em linha reta. Cessava o dever por "atos de desrespeito à piedade e à honra pessoal ou da família", persistindo mesmo aí o dever moral por causa de indigência, regulada por leis de assistência.[56]

No Brasil, até a chegada do Código de 1916, o direito civil era constituído por uma legislação esparsa formada pelas Ordenações Filipinas, Alvarás e Avisos e leis extravagantes.[57]

O "Esboço" de Teixeira De Freitas[58] aperfeiçoou os direitos alemão, francês e peninsular fortemente inseridos na América do Sul

---

[54] BEVILÁQUA, Clóvis. *Direito de família...*, p. 386.

[55] Art. 2009. (Pessoas obrigadas a alimentos): 1. Estão vinculados a prestação de alimentos, pela ordem indicada: a) o cônjuge ou o ex-cônjuge; b) os descendentes; c) os ascendentes; d) os irmãos; e) os tios, durante a menoridade do alimentando; f) o padrasto e a madrasta, relativamente a enteados menores que estejam, ou estivessem no momento da morte do cônjuge, a cargo deste. 2. Entre as pessoas designadas nas alíneas b e c do numero anterior, a obrigação defere-se segundo a ordem da sucessão legítima. 3. Se algum dos vinculados não puder prestar os alimentos ou não puder saldar integralmente a sua responsabilidade, o encargo recai sobre os onerados subsequentes. PORTUGAL, Código. *Código Civil português*. Coimbra: Almedina, 1967.

[56] BEVILÁQUA, Clóvis. *Direito de família...*, p. 387.

[57] "A Consolidação foi o verdadeiro Código Civil do Brasil durante mais de meio século (1858-1917). Assim a ele se referiu Clóvis Beviláqua: 'o nosso primeiro Código Civil' ('Teixeira de Freitas', *Revista de La Universidad Nacional de Córdoba*, ano IV, n. 1, março de 1917, *apud* Ernesto Nieto Blanc, 'Augusto Teixeria de Freitas', La Ley, v. 130, p. 783). 'Começou (a consolidação), em seguida, a desempenhar o papel de Código', disse Rodrigo Octavio ('Teixeira de Freitas e a unidade do Direito Privado', Archivo Judiciário, v. XXV, 1933. p. 69). 'A Consolidação (encomendada por seu pai), que até hoje nos serve de Código Civil', escreveu Joaquim Nabuco ('Um estadista do Império', v. II, p. 1051)". AGUIAR FILHO, Ruy Rosado de. Prefácio. In: FREITAS, Augusto Teixeira de. *Consolidação das leis civis*. Brasília: Senado Federal, Conselho Editorial, 2003. v. 1, p. XIX.

[58] "Celebrou, então, Teixeira de Freitas com o governo o contrato de 11.1.1859. [...] Árdua foi a tarefa que teve o eminente jurisconsulto: procurou primeiramente fazer um esboço completo de toda a matéria para daí extrair depois o projeto definitivo do Código. Já bem adiantado se achava o esboço colossal (5.000 arti-

– notadamente Argentina, Uruguai e Paraguai. Sua influência se deu menos com os costumes trazidos, do que com a literatura europeia, muito apreciada na América.

Destaca Ruy Rosado de Aguiar Júnior, focalizando sobre a "Consolidação" de Teixeira de Freitas, que a sua importância nos dia de hoje está em que "ao resgatar e ordenar a nossa herança jurídica, também desenhou a fisionomia da legislação civil que a seguiu, tanto no Código Civil de 1917 como no recente Código Civil de 2002".[59]

Levi Carneiro aponta que muitos dispositivos do Esboço subsistiram no Código Civil brasileiro de 1916, tendo sido imensa e benemérita a sua influência, e, segundo Pontes de Miranda, os melhores artigos do Código de 1916 têm origem no Esboço e nos projetos fundamentais de Teixeira de Freitas.[60]

O Código de 1916 traz forte o liberalismo de um povo que construiu um império constitucional, racionalista, quase secular, com ambição de ciência e justiça idealista, o que se refletiu nas leis, com forte influência portuguesa do século XVII, e estrutura católico-feudal da família. É um Código adulto, de um país que encara com mais "insaciabilidade técnica" as suas reformas legislativas.[61]

Mesmo sob a influência comum de Teixeira de Freitas, tem-se que o Código *argentino* reflete uma sociedade preponderantemente econômica, visando a estreitar os laços familiares, ao passo que o Código *uruguaio* apresenta uma legislação mais ousada e instável, paralela ao alastramento do ensino, de mais fácil manejo do gover-

---

gos), de extraordinária solidez, talhado sobre a rocha dos bons princípios, pela mão vigorosa de um artista superior, quando, compenetrado da necessidade de alterar todo o seu plano, se dirigiu ao Ministro da Justiça, propondo a unificação do Direito privado através de um Código geral (compreendendo dois livros – o primeiro sobre as causas jurídicas e o segundo sobre os efeitos jurídicos) e de um Código Civil (que compreendia 1) os efeitos civis; 2) os direitos pessoais; 3) os direitos reais). Declarara então Teixeira de Freitas que, não sendo aceito o seu plano, se limitaria à publicação do complemento do Esboço, exonerando-se de todas as demais obrigações do contrato. Apesar do parecer favorável da seção de Justiça do Conselho de Estado, não foi aceita a proposta, rescindindo-se o contrato". SEGURADO, Milton Duarte. *O direito do Brasil*. São Paulo: Bushatsky, Edusp, 1973, p. 389-390.

[59] AGUIAR FILHO, Ruy Rosado de. Prefácio..., p. XXIV.
[60] CARNEIRO, Levi. Estudo crítico biográfico..., p. XXXI.
[61] MIRANDA, Pontes de. *Fontes e evolução...*, p. 457.

no, entusiasmando-se com reformas, o que resultou numa legislação inquieta e progressista.

Relativamente a alimentos, o Código de 1916 manteve as regras do direito anterior, com notável influência do Assento de 9 de abril de 1772,[62] trazendo algumas modificações:[63] O artigo 397 determinava que "o direito á prestação de alimentos é recíproco entre pais e filhos, e extensivo a todos os ascendentes, recaindo a obrigação nos mais próximos em grau, uns em falta de outros.".

O art. 34 do Decreto nº 17.493-A, de 12 de outubro de 1927 – Código de Menores –, penalizava o abandono alimentar.[64]

O Código Civil de 1916 não fazia distinção expressa entre os alimentos devidos aos filhos sujeitos ao então denominado "pátrio-poder" – os menores de idade – e aos filhos maiores – já emancipados dos cuidados indispensáveis daqueles que os geraram. Assim, o artigo 231 em seu inciso IV é que melhor trata o assunto relativo aos filhos sujeitos ao poder familiar, ao estabelecer os direitos e deveres dos cônjuges, impondo a ambos o dever de "sustento, guarda e educação dos filhos". Tal disposição legal tem por objeto "a sorte dos filhos. Ao pai e à mãe, incumbe, por natural afeição, por dever moral e por obrigação jurídica, sustentar aqueles a quem deram o ser, velar, cuidadosamente por ele, dirigi-los, defendê-los, e prepará-los para a vida".[65]

No Direito de Família, as emoções, o comportamento, a sociedade e o meio ambiente desempenham um papel fundamental. Conforme afirma Clovis do Couto e Silva, para que se conheça a situação atual de um sistema jurídico, mesmo que em suas grandes

---

[62] MIRANDA, Pontes de. *Fontes e evolução...*, p. 179.

[63] Art. 402, tirado do *Esboço* de Teixeira de Freitas; Art. 1.621, 4º (anterior ao CD Italiano, art. 146, e ao BGB § 1.615, eo ao venezuelano, art. 325). Arts. 404 e 405 derivam do CC português art. 182 (CP. BGB § 1.614) e do italiano, art. 193 (CP. Code Civil, art. 762 e 763); e o art. 403, do português no art. 183. A doutrina anterior já aceitava essa orientação.

[64] "Negar, sem justa causa ao filho legítimo, natural ou adotivo, menor de 16 anos de idade, os alimentos ou subsídios, que deve em virtude de lei, ou de uma convenção ou de decisão de autoridade competente; deixar de pagar, tendo recursos, a sua manutenção, estando ele confiado a terceiro com essa obrigação; recusar-se a retoma-lo; abandonar, embora não o deixando só, quando ele se achar em perigo de morte, ou em perigo grave e iminente para sua saúde. Pena de prisão celular de vinte dias a dois meses e multa de CR$ 20,00 (vinte cruzeiros)."

[65] BEVILÁQUA, Clóvis. *Código Civil dos...*, p. 585.

linhas, *"é necessário ter uma idéia de seu desenvolvimento histórico, das influências que lhe marcaram as soluções no curso dos tempos"*.[66] Com a convicção a esse respeito reforçada, pode-se afirmar que, para examinar temas de Direito de Família, como a obrigação alimentar dos avós, imperioso tratar de sua liberalidade afetiva, dos laços de origem e desenvolvimento de tal encargo, bem como da leitura dos limites constitucionais. Aqui, ainda com mais propriedade do que nas outras esferas do Direito, não se pode prescindir de identificar o nascedouro, as origens, as influências e o desenvolvimento desse direito tão específico, tão inerente ao ser humano.

Alain Finkieltraut[67] ensina que a distinção entre as nações não é a raça nem a língua, pois os homens sentem em seus corações que são um mesmo povo porque têm comunidade de ideias, de interesses, de afetos, de lembranças, de esperanças. E é isso que faz a pátria, pois a pátria é aquilo que se ama. Pondera o autor[68] que a nação é composta pelos sacrifícios já feitos e pelos que se há de fazer, pois uma nação supõe um passado. Efetivamente, o passado é essencial para que se possa compreender o presente e imaginar o futuro. Afirma ainda Finkieltraut[69] que o homem é cativo de sua ascendência.

Os negros escravos trazidos ao Brasil, a ama de leite, os indígenas que habitavam o país, seus hábitos e costumes influenciaram profundamente a estrutura familiar brasileira, com grande carga de afetividade e uma relação muito estreita entre os componentes de uma família. "O recurso aos parentes, especialmente à avó

---

[66] SILVA, Clóvis Veríssimo do Couto; FRADERA, Vara Maria Jacob de (Org.). *O Direito Privado brasileiro na visão de Clóvis do Couto e Silva*. Porto Alegre: Livraria do Advogado, 1997, p. 11.

[67] "Ce que distingue lês nations n'est ni la race ni la langue. Les hommes sentent dans leer coeur qu'ils sont un meme people lorsqu'ils ont une communauté d'idées, d'interêts, d'affections, de souvenirs, et d'esperances. Voilà ce que fait la patrie (...) la patrie, c'est ce qu'on aime. FINKIELKRAUT, Alain. *La defaite de la pensée*. Paris: Gallimard, 1987, p. 45-46.

[68] FINKIELKRAUT, Alain. *La defaite de...*, p. 48.

[69] "Dans la conception de Strauss et de Mommsen, l'homme est captif de son ascendance, son quant-à-soi est pure illusion: il est investi jusque dans les replis les plus secrets de son intériorité par l'histoire don til est l'heritier, par la langue qu'il parle, par la société qui lui a donné naissance. . La tradition le précède et devance sa reflexión: il lui appartient avant de s'appartenir." FINKIELKRAUT, Alain. *La defaite de...*, p. 50.

materna, é tipicamente brasileiro, e faz parte da nossa mais pura tradição patriarcal".[70]

O direito de família brasileiro traz a inegável marca de sua história, revelando forte influência romanística, num sistema familiar herdado dos visigodos, em que a família é o centro de tudo, e os idosos exercem importante papel no contexto familiar – o papel do afeto, o papel do cuidado, o papel do refúgio, do porto seguro.

Paralelamente ao aspecto afetivo, foram se moldando as regras e os conceitos que hoje norteiam a questão alimentar, estabelecendo os contornos jurídicos que dão a necessária estrutura ao instituto dos alimentos.

---

[70] LEITE, Eduardo de Oliveira. Prestação alimentícia dos avós: a tênue fronteira entre obrigação legal e dever moral. In: ——. *Alimentos no novo código civil*: aspectos polêmicos. Rio de Janeiro: Forense, 2006, p. 58.

Capítulo II
Os contornos jurídicos da obrigação alimentar

1. ELEMENTOS TRADICIONAIS

1.1. Fundamentos legais

1.1.1. Conceito

Os alimentos, que constam de nosso ordenamento jurídico como obrigação legal, recebem sua conceituação da doutrina.

Na concepção de Clóvis Beviláqua, "a palavra *alimento* tem, em direito, uma acepção técnica, de mais larga extensão do que a da linguagem comum, pois que compreende tudo que é necessário à vida: *sustento, habitação, roupa, educação e tratamento de moléstias*".[71]

Arnaldo Rizzardo conceitua alimentos como "tudo quanto é indispensável às necessidades da vida, como vestimentas, alimentação, moradia, atendimento médico-hospitalar, instrução etc.".[72] Lourenço Mário Prunes define como:

> [...] a prestação fornecida por uma pessoa a outra, para que atenda às necessidades da vida, podendo compreender comida, bebida, teto para morar, cama para dormir, medicamentos, cuidados médicos, roupas, enxoval, educação, e instrução, etc., sendo proporcionada no geral em dinheiro, cujo *quantum* corresponde às utilidades mas podendo igualmente ser fornecido em espécie.[73]

---

[71] BEVILÁQUA, Clóvis. *Direito de família...*, p. 383.

[72] RIZZARDO, Arnaldo. *Direito de família*. 4. ed. Rio de Janeiro: Forense, 2004, p. 717.

[73] PRUNES, Lourenço Mario. *Ações de alimentos*. São Paulo: Sugestões Literárias, 1976, p. 29.

Conforme Orlando Gomes,[74] a prestação alimentar é um comportamento do devedor que visa a satisfazer os interesses do credor, materializada em prestações, normalmente em dinheiro, constituindo dívida de valor,[75] mas não se reduz ao conceito clássico da obrigação pecuniária ainda que a prestação o seja. Trata-se de direito pessoal não patrimonial.

Para Yussef Cahali,[76] é a expressão adotada no direito para designar o conteúdo de uma pretensão ou de uma obrigação; é a contribuição periódica do necessário à manutenção assegurada a alguém, por um título de direito, o que lhe confere o caráter da exigibilidade. Yussef Cahali e Orlando Gomes[77] limitam as *necessidades* para *vitais*.

1.1.2. Alimentos naturais e civis

Os alimentos, quanto à sua natureza, recebem a denominação de "naturais" ou "civis". Quando se fala em "alimentos", tanto se refere ao que é estritamente necessário à vida de uma pessoa – a alimentação propriamente dita, cura, vestuário e habitação, constituindo-se então nos *alimentos naturais* – como abrange outras necessidades, intelectuais e morais, podendo variar conforme a posição social da pessoa necessitada, denominando-se *alimentos civis* ou *côngruos*.[78]

Os alimentos naturais, também denominados de *necessarium vitae* (necessários à vida), são aqueles sem os quais a pessoa não pode subsistir. Relacionam-se à alimentação, cura, vestuário e habitação. Atendem apenas ao mínimo necessário para a pessoa po-

---

[74] "Os alimentos consistem nas prestações para satisfação das *necessidades vitais* de quem não pode provê-las por si". GOMES, Orlando. *Direito de família*. 11. ed. Rio de Janeiro: Forense, 1998, p. 427

[75] De acordo com a teoria das dívidas de valor, nas obrigações decorrentes de atos ilícitos e obrigações reparatórias de dano, a indenização deve ser atualizada, não se limitando ao valor da época do dano.A dívida será atualizada pela correção monetária, mesmo sem que haja disposição expressa nesse sentido. A correção monetária é da essência da reparação civil.

[76] "*Alimentos* vem a significar tudo o que é necessário para satisfazer as *necessidades vitais* de quem não pode provê-las por si". CAHALI, Yussef Said. Dos alimentos. 6. ed. São Paulo: Revista dos Tribunais, 2009, p. 16.

[77] GOMES, Orlando. *Direito de família...*, p. 427.

[78] GOMES, Orlando. *Direito de família...*, p. 427.

der viver, como a comida, a bebida, os remédios, a roupa, a "casa para morar, a cama para dormir", conforme ensina Lourenço Mário Prunes.[79]

Os alimentos civis ou côngruos visam a uma melhoria da qualidade de vida; destinam-se a suprir faltas que não se referem apenas às necessidades básicas, incluindo outras como esporte, lazer, viagens, passeios. Ou seja, atendem a necessidades culturais e intelectuais, provendo a recreação, o lazer, necessidades pessoais não vitais, e por isso são denominados de *necessarium personae* (necessários à pessoa).

Dessa forma, os alimentos, enquanto apenas *naturais*, podem ser satisfeitos com valores menores, ao passo que os alimentos *civis*, nos quais outros fatores são acrescidos para o seu *quantum*, representam valores maiores. Os naturais correspondem ao *menos*; os civis correspondem ao *mais*, pois compreendem além do "essencial" o "não essencial", ou seja, o *indispensável* mais o *dispensável*.

Enquanto os alimentos *naturais* ou *necessários* se referem ao que é absolutamente indispensável à vida de uma pessoa – a alimentação propriamente dita, cura, vestuário e habitação –, os alimentos *civis* ou *côngruos* abrangem necessidades não vitais.[80] Luiz Edson Fachin[81] afirma que na exegese estrita da expressão "necessidades vitais" há uma ideia inexata do juízo de necessidade. Pondera que não é possível viver dignamente sem a educação, mesmo que ela não seja essencial à subsistência. Há necessidades que são vitais para a sobrevivência, mesmo não o sendo do ponto de vista biológico, e por isso devem estar contidas tanto quanto possível na prestação alimentícia.

A alimentação, a cura, o vestuário, a habitação se constituem em alimentos naturais, ou *necessarium vitae*, ao passo que quando abrangem outras necessidades, sejam intelectuais ou morais, ou recreação, se constituem em alimentos civis, ou *necessarium personae*.[82] Cahali afirma, com razão, que se equivocou o grande jurista, eis que o direito positivo tem se manifestado ainda a respeito de ambas as classificações. As Ordenações já cuidavam dos alimen-

---
[79] PRUNES, Lourenço Mario. *Ações de alimentos...*, p. 29.
[80] GOMES, Orlando. *Direito de família...*, p. 427.
[81] FACHIN, Luiz Edson. *Elementos críticos do...*, p. 269.
[82] CAHALI, Yussef Said. *Dos alimentos...*, p. 18.

tos naturais e civis, e a jurisprudência não afastou tal distinção.[83] Ademais, verifica-se que o Código Civil de 2002 traz nítida essa diferença no § 2º do artigo 1.694, e no artigo 1.704, quando trata dos alimentos para o requerente com "culpa",[84] como se vê:

> Art. 1.694, § 2º. Os alimentos serão apenas os indispensáveis à subsistência quando a situação de necessidade resultar de culpa de quem os pleiteia.
> Art. 1704. Se um dos cônjuges separado judicialmente vier a necessitar de alimentos, será o outro obrigado a prestá-los mediante pensão a ser fixada pelo Juiz, caso não tenha sido declarado culpado na ação de separação judicial. Parágrafo único: Se o cônjuge declarado culpado vier a necessitar de alimentos, e não tiver parentes em condições de prestá-los, nem aptidão para o trabalho, o outro cônjuge será obrigado a assegurá-los, fixando o Juiz o valor indispensável à sobrevivência.

Quando se trata de fixar alimentos, os critérios a serem utilizados diferem em se tratando de alimentos "naturais" ou "civis". Para a fixação daqueles, se cuida basicamente da necessidade vital, da *sobrevivência* de quem pede, ao passo que para os alimentos *civis* acrescentam-se outros fatores, como "haveres e qualidades das pessoas", nos dizeres de Lafayette.[85]

1.1.3. A causa jurídica

Quanto à causa jurídica, a obrigação alimentar decorre da lei, da vontade ou de resultado danoso do ato ilícito – o delito. Apenas a primeira interessa ao direito de Família, pois é da lei que se origina a obrigação alimentar entre parentes, companheiros (união estável) ou cônjuges (casamento).

Da vontade, resultam os alimentos provenientes de contrato ou disposição de última vontade (testamento).

Os alimentos como decorrência de ato ilícito representam uma indenização do dano sob a ótica alimentar,[86] constituindo-se

---

[83] CAHALI, Yussef Said. *Dos alimentos...*, p. 19.

[84] Embora doutrina e jurisprudência tenham empreendido árdua luta para banir do ordenamento jurídico brasileiro a "culpa", principalmente na separação judicial, ela foi mantida no § 2º do artigo 1.694.

[85] Citado no julgado do TJSP, 3ª C.C. 29.03.1979, RJTJSP 57/41).

[86] Art. 948, CC. "No caso de homicídio, a indenização consiste, sem excluir outras reparações: [...] II – na prestação de alimentos às pessoas a quem o morto os devia, levando-se em conta a duração provável da vida da vítima".

em uma espécie diversa de alimentos, não sujeita às mesmas regras daqueles originados pela parentalidade, parentesco, casamento ou união estável – e por tal motivo não serão objeto de análise nesta obra.

A lei é a causa jurídica preexistente, e nela se fundamenta a maioria das demandas. O Código Civil contempla os direitos alimentares decorrentes da parentalidade (relativa aos filhos menores), do parentesco, do casamento e da união estável, tudo em um único artigo:

> Art. 1.694. Podem os parentes, os cônjuges ou companheiros pedir uns aos outros os alimentos de que necessitem para viver de modo compatível com a sua condição social, inclusive para atender ás necessidades de sua educação.

A doutrina tradicional apresentava a obrigação alimentar decorrente de leis protetivas do *jus sanguinis* – parentesco – e do *jus matrimonii* – casamento –, sem contemplar a união estável. Estenderam por analogia os benefícios alimentares previstos no *jus matrimonii* também aos decorrentes da união estável, mas somente a partir da Carta Constitucional de 1988, que recepcionou a união estável como entidade familiar. Posteriormente, duas leis regraram o instituto: a Lei nº 8.971/94, que regulou o direito dos companheiros a alimentos e à sucessão, e a Lei nº 9.278/96, que regulou o § 3º do art. 226 da Constituição Federal.[87]

O Código de 1916 já previa o auxílio recíproco como dever do casamento, bem como o sustento dos filhos,[88] agora expresso no art. 1.566, de forma idêntica.[89] O art. 19 da Lei nº 6.515/77 (Lei do Divórcio) já estabelecia que o cônjuge responsável pela separação judicial prestaria ao outro, se dela necessitasse, a pensão a ser fixada pelo juiz. Com relação à União Estável, o art. 1º da Lei nº 8.971/94,[90]

---

[87] Art. 226. A família, base da sociedade, tem especial proteção do Estado. [...] § 3º. Para efeito da proteção do Estado, é reconhecida a união estável entre o homem e a mulher como entidade familiar, devendo a lei facilitar sua conversão em casamento.

[88] Art. 231 do Código Civil de 1916: "São deveres de ambos os cônjuges: I – fidelidade recíproca; II – vida em comum, no domicílio conjugal (art. 233, IV, e 234); III mútua assistência; IV sustento, guarda e educação dos filhos."

[89] Art. 1.566. São deveres de ambos os cônjuges: [...] III – mútua assistência; IV – sustento, guarda e educação dos filhos.

[90] BRASIL. Lei nº 8.971, de 29 de dezembro de 1994. Disponível em: <http://www.planalto.gov.br/ccivil_03/leis/l8971.htm>. Acesso em: 11 out. 2009. Art. 1º:

e os arts. 2º e 7º da Lei nº 9.278/96[91] já regulavam, antes do Código Civil de 2002, o direito a alimentos entre companheiros, colocando a nova entidade familiar recepcionada constitucionalmente no mesmo patamar do casamento no que toca à obrigação alimentar.

O parentesco em linha reta obriga os ascendentes e descendentes à assistência alimentar, sem limite de grau, sendo que inicialmente devem ser chamados à responsabilidade os mais próximos. Assim, se uma pessoa necessita de alimentos, tendo pai e avô, deve demandar o pai, e só posteriormente o avô. A jurisprudência tem acolhido com reservas ações propostas simultaneamente contra o pai e o avô. E só excepcionalmente são acolhidas demandas diretamente movidas contra os avós.[92] Atendendo ao disposto no artigo 1.696 do Código Civil,[93] o entendimento dominante é de que deve-primeiro ser ajuizada demanda contra o pai,[94] para somente, em sua impossibilidade,[95] serem demandados os avós.[96]

"A companheira comprovada de um homem solteiro, separado judicialmente, divorciado ou viúvo, que com ele viva há mais de 5 (cinco) anos, ou dele tenha prole, poderá valer-se do disposto noa Lei nº 5.478, de 25 de julho de 1968, enquanto não constituir nova união e desde que prove a necessidade."

[91] BRASIL. Lei nº 9.278, de 10 de maio de 1996. Disponível em: <http://www.planalto.gov.br/ccivil_03/leis/l9278.htm>. Acesso em: 10 de março de 2011. Art. 2º "São direitos e deveres iguais dos conviventes: I – respeito e consideração mútuos; II – assistência moral e material recíproca; III – guarda, sustento e educação dos filhos comuns. . [...] Art. 7º "Dissolvida a união estável por rescisão, a assistência material prevista nesta Lei será prestada por um dos conviventes ao que dela necessitar, a título de alimentos."

[92] AGRAVO DE INSTRUMENTO. ALIMENTOS. OBRIGAÇÃO AVOENGA. MANUTENÇÃO. Não é preciso esgotar todas as possibilidades de obter recursos do pai antes de ajuizar pedido de alimentos contra os avós. A impossibilidade do genitor pode ser comprovada ao longo da instrução. A fixação de alimentos provisórios em desfavor dos avós requer verossimilhança, que está presente no caso dos autos. NEGARAM PROVIMENTO ao agravo. AI nº 70012910402, 8ª C.C. TJRS, Rel. Des. Rui Portanova, julg. 23/02/2006).

[93] Art. 1.696 do Código Civil: "O direito à prestação de alimentos é recíproco entre pais e filhos, e extensivo a todos os ascendentes, recaindo a obrigação nos mais próximos em grau, uns em falta de outros."

[94] STJ. CIVIL. AÇÃO DE ALIMENTOS. AVÓS. RESPONSABILIDADE. I – A responsabilidade de os avós pagarem pensão alimentícia aos netos decorre da incapacidade de o pai cumprir com sua obrigação. Assim, é inviável a ação de alimentos ajuizada diretamente contra os avós paternos, sem comprovação de que o devedor originário esteja impossibilitado de cumprir com o seu dever. Por isso, a constrição imposta aos pacientes, no caso, se mostra ilegal. II – Ordem de

O inc. IV do artigo 1.566 do Código Civil de 2002, ao determinar que *são deveres de ambos os cônjuges: [...] sustento, guarda e educação dos filhos* mantém a obrigação alimentar dos pais com relação aos filhos da mesma forma determinada pelo artigo 20 da Lei do Divórcio, do ano de 1977.[97]

---

habeas corpus concedida. HC 38314/MS 2004/0131543-9 Rel. Ministro ANTÔNIO DE PÁDUA RIBEIRO TERCEIRA TURMA Julgamento 22/02/2005.
CIVIL E PROCESSUAL. AÇÃO DE ALIMENTOS DIRIGIDA CONTRA OS AVÓS PATERNOS. AUSÊNCIA DE PRÉVIO PEDIDO EM RELAÇÃO AO PAI. RESPONSABILIDADE DOS PROGENITORES SUBSIDIÁRIA E COMPLEMENTAR. AUSÊNCIA, OUTROSSIM, DE PROVA DA POSSIBILIDADE DOS RÉUS. SÚMULA N. 7-STJ. INCIDÊNCIA. CC, ART. 397. EXEGESE. I. A exegese firmada no STJ acerca do art. 397 do Código Civil anterior é no sentido de que a responsabilidade dos avós pelo pagamento de pensão aos netos é subsidiária e complementar a dos pais, de sorte que somente respondem pelos alimentos na impossibilidade total ou parcial do pai que, no caso dos autos, não foi alvo de prévia postulação. II. Ademais, a conclusão do Tribunal de Justiça acerca da ausência de condições econômicas dos avós recai em matéria fática, cujo reexame é obstado em sede especial, ao teor da Súmula n. 7. III. Recurso especial não conhecido. REsp 576152/ES 2003/0142789-0 Rel. Ministro ALDIR PASSARINHO JUNIOR QUARTA TURMA. Julgamento 08/06/2010.

[95] Nº 70025516816 8ª C.C. DES. ALZIR FELIPPE SCHMITZ, Relator. Ademais, apesar da idade do adolescente recorrido, tem ele pai e mãe. Em relação ao pai, não se esgotaram as diligências no sentido da sua localização. Também não está comprovado nos autos se nenhum dos outros parentes pode contribuir com o cumprimento da obrigação. De qualquer forma, não parece razoável impor à avó paterna o cumprimento do valor, ainda que meramente simbólico. [...] Destaco, ainda, que não restou amplamente comprovado o esgotamento das tentativas de localização do pai, que, evidentemente, é o responsável pelo sustento dos filhos.

[96] AGRAVO REGIMENTAL. AGRAVO DE INSTRUMENTO. DIREITO DE FAMÍLIA. DIVERGÊNCIA JURISPRUDENCIAL. AUSÊNCIA DE COMPROVAÇÃO. AÇÃO DE ALIMENTOS. PEDIDO CONTRA A AVÓ. POSSIBILIDADE. INCAPACIDADE FINANCEIRA DOS PAIS. INVERSÃO DE ENTENDIMENTO. NECESSIDADE DE REEXAME DE PROVAS. INADMISSIBILIDADE. SÚMULA 07/STJ. 2. Esta Corte Superior de Justiça já consolidou o entendimento de que a responsabilidade dos avós, na prestação de alimentos, é sucessiva e complementar a dos pais, devendo ser demonstrado, à primeira, que estes não possuem meios de suprir, satisfatoriamente, a necessidade dos alimentandos. STJ AgRg no Ag 1010387/SC AGRAVO REGIMENTAL NO AGRAVO DE INSTRUMENTO 2008/0025400-3 Relator(a) Ministro VASCO DELLA GIUSTINA (Desembargador Convocado do TJ/RS) (8155) T3 – TERCEIRA TURMA julg. 23/06/2009.

[97] BRASIL. Lei nº 6.515, de 26 de dezembro de 1977. Disponível em: <http://www.planalto.gov.br/ccivil_03/leis/l6515.htm>. Acesso em: 10 de março de 2011. Art. 20: Para manutenção dos filhos, os cônjuges, separados judicialmente, contribuirão na proporção de seus recursos.

A Lei nº 8.646/93 dispõe, por sua vez, sobre o dever de alimentos dos filhos para com os pais velhos, carentes ou enfermos. Embora o texto revele a preocupação e cuidado do legislador com o crescente número de pessoas idosas em nosso país, a lei se constitui em um *bis in idem*, vez que o artigo 397 do Código Civil de 1916[98] já previa a obrigação alimentar entre os parentes em linha reta, o que implica, por conseguinte, a obrigação dos filhos para com os pais, independentemente de idade ou estado de saúde – portanto ainda mais abrangente.

Diversamente dos ordenamentos argentino[99] e português, em que os afins têm obrigação alimentar, não prevaleceu tal encargo no direito brasileiro.

Já nos parentes em linha colateral, a obrigação se limita ao segundo grau, ou seja, entre irmãos, sejam germanos ou unilaterais, de conformidade com o artigo 1.697 do Código Civil.[100] Dessa forma, resta inviabilizada a pretensão alimentar de sobrinhos relativamente a tios.[101]

---

[98] Art. 396 do Código Civil de 1916 (mantido *ipsis literis* no artigo 1.696 do Código Civil de 2002): "O direito à prestação de alimentos é recíproco entre pais e filhos, e extensivo a todos os ascendentes, recaindo a obrigação nos mais próximos em grau, uns em falta de outros."

[99] Art. 368, CC. Argentino. Entre los parientes por afinidad unicamente se deben alimentos aquellos que están vinculados en primer grado.

[100] Art. 1.697 do Código Civil: "Na falta de ascendentes, cabe a obrigação aos descendentes, guardada a ordem de sucessão e, faltando este, aos irmãos, assim germanos, como unilaterais.".

[101] Direito civil. Família. Recurso especial. Ação de alimentos ajuizada pelos sobrinhos menores, representados pela mãe, em face das tias idosas. – Conforme se extrai da descrição dos fatos conferida pelo Tribunal de origem, que não pode ser modificada em sede de recurso especial, o pai sempre enfrentou problemas com alcoolismo, mostrando-se agressivo com a mulher e incapaz de fazer frente às despesas com a família, o que despertou nas tias o sentimento de auxiliar no sustento dos sobrinhos. Quanto à mãe, consta apenas que é do lar e, até então, não trabalhava. – Se as tias paternas, pessoas idosas, sensibilizadas com a situação dos sobrinhos, buscaram alcançar, de alguma forma, condições melhores para sustento da família, mesmo depois da separação do casal, tal ato de caridade, de solidariedade humana, não deve ser transmutado em obrigação decorrente de vínculo familiar, notadamente em se tratando de alimentos decorrentes de parentesco, quando a interpretação majoritária da lei, tem sido no sentido de que tios não devem ser compelidos a prestar alimentos aos sobrinhos. – A manutenção do entendimento firmado, neste Tribunal, que nega o pedido de alimentos formulado contra tios deve, a princípio, permanecer, considerada a cautela que não pode

O dever decorrente de *lei*, entre parentes – *jus sanguinis* – está disciplinado nos artigos 1.696 e 1.697 do Código Civil,[102] sendo que o primeiro diz respeito ao parentesco em linha reta, e o segundo se refere à linha colateral.

1.1.4. A afinidade e os alimentos

A *afinidade*, embora inserida no Código Civil,[103] não se constitui propriamente em parentesco *stricto sensu*, pois o parentesco nas linhas reta e colateral está claramente definido nos artigos 1.591 e 1.592 do Código Civil.[104] O legislador, sem saber exatamente nem como nem onde inserir a afinidade, estabeleceu no artigo 1.595

---

deixar jamais de acompanhar o Juiz em decisões como a dos autos, porquanto os processos circunscritos ao âmbito do Direito de Família batem às portas do Judiciário povoados de singularidades, de matizes irrepetíveis, que absorvem o Julgador de tal forma, a ponto de uma jurisprudência formada em sentido equivocado ter o condão de afetar de forma indelével um sem número de causas similares com particularidades diversas, cujos desdobramentos poderão inculcar nas almas envolvidas cicatrizes irremediáveis. – Condição peculiar reveste este processo ao tratar de crianças e adolescentes de um lado e, de outro, de pessoas idosas, duas categorias tuteladas pelos respectivos estatutos protetivos – Estatuto da Criança e do Adolescente, e Estatuto do Idoso, ambos concebidos em sintonia com as linhas mestras da Constituição Federal. – Na hipótese em julgamento, o que se verifica ao longo do relato que envolve as partes, é a voluntariedade das tias de prestar alimentos aos sobrinhos, para suprir omissão de quem deveria prestá-los, na acepção de um dever moral, porquanto não previsto em lei. Trata-se, pois, de um ato de caridade, de mera liberalidade, sem direito de ação para sua exigibilidade. – O único efeito que daí decorre, em relação aos sobrinhos, é o de que prestados os alimentos, ainda que no cumprimento de uma obrigação natural nascida de laços de solidariedade, não são eles repetíveis, isto é, não terão as tias qualquer direito de serem ressarcidas das parcelas já pagas. Recurso especial provido. REsp 1032846/RS, RECURSO ESPECIAL 2007/0197508-7 Rel. Ministra NANCY ANDRIGHI – Terceira Turma, STJ. julgto. 18/12/2008. Public. DJe 16/06/2009.

[102] Art. 1.696 do Código Civil: "O direito à prestação de alimentos é recíproco entre pais e filhos, e extensivo a todos os ascendentes, recaindo a obrigação nos mais próximos em grau, uns em falta de outros". Art. 1.697 do Código Civil: "Na falta de ascendentes, cabe a obrigação aos descendentes, guardada a ordem de sucessão e, faltando este, aos irmãos, assim germanos, como unilaterais".

[103] Livro IV – Do direito de família, Título I – direito Pessoal, Subtítulo II – Das relações de parentesco, Capítulo I *Disposições Gerais*,

[104] Art. 1.591: "São parentes, em linha reta, as pessoas que estão umas para com as outras na relação de ascendentes e descendentes." Art. 1.592: "São parentes, em linha colateral, ou transversal, até o quarto grau, as pessoas provenientes de um só tronco, sem descenderem umas das outras."

que "cada cônjuge ou companheiro é 'aliado' (sic!) aos parentes do outro pelo 'vínculo' da afinidade", para, no final, tropeçar no vocábulo "parentesco", determinando no § 1º do mesmo artigo que "o parentesco por afinidade limita-se aos ascendentes, aos descendentes e aos irmãos do cônjuge ou companheiro.". Mas a "afinidade" não se viu contemplada com direito algum no ordenamento jurídico brasileiro, servindo tão somente como impedimento matrimonial quando em linha reta (artigo 1.521, inc. II).

O direito francês recepciona a obrigação alimentar entre certos parentes afins como sogros, genros e noras. Cessa a obrigação alimentar quando desaparece a necessidade, ou quando o alimentador não está mais em condições de cumprir o encargo. Cessa, também, quando a sogra passa a segundas núpcias, ou quando morre o cônjuge, que produzia a afinidade e os filhos nascidos de sua união com o outro.[105]

O direito uruguaio manteve-se nos moldes do código francês, estendendo a obrigação alimentar recíproca entre os parentes afins em primeiro grau, e também chamando os irmãos ao cumprimento desse dever.[106]

No ordenamento jurídico argentino, o afim é titular de direito a alimentos.[107]

No direito italiano, a obrigação alimentar é determinada, pela ordem, aos cônjuges, aos filhos e, em sua falta, aos descendentes próximos, aos pais e na falta destes aos ascendentes próximos, aos genros e noras, aos sogros e sogras, aos irmãos e irmãs germanos e unilaterais, com precedência dos germanos sobre os unilaterais (art. 433).[108]

---

[105] FRANÇA, Código. *Code Civil*. 106. ed. Paris: Dalloz, 2007, arts. 206 e 209.

[106] URUGUAI, Código. *Código Civil Uruguay*. http://www.parlamento.gub.uy/codigos/codigocivil/2002/L1t5c4s1.htm Arts. 116 a 126. Acesso em: 21 mar. 2011.

[107] ARGENTINA, Código. HIGHTON, Elena I. (Coord.); BUERES, Alberto J. (Dir.). *Código Civil y normas complementarias*: análisis doctrinal y jurisprudencial, artículos 159/494, familia. Buenos Aires: Hamurabi, 2007. O direito argentino reconhece a obrigação alimentar recíproca entre afins em primeiro Grau, de acordo com o artigo 368 do Código Civil Argentino. Sogros e sogras, genros e noras, padrastos e madrastas relativamente aos enteados. Codigo civil argentino. Art. 368. "Entre los parientes por afinidad únicamente se deben alimentos aquéllos que están vinculados em primer grado."

[108] ITÁLIA, Código. *Codice Civile spiegato articolo per articolo*. Napoli: Esse Libri, 2006.

Apesar de estar inserida no capítulo do parentesco, a afinidade é uma relação não contemplada pela lei brasileira com o direito alimentar, guardando, nesse aspecto, semelhança com o que ocorre entre primos – parentes em quarto grau na linha colateral –, e entre tios e sobrinhos – parentes em terceiro grau na linha colateral –, que, mesmo sendo considerados "parentes",[109] também estão excluídos do direito disposto no artigo 1.697 do Código Civil, que concede alimentos aos parentes, mas o restringe aos colaterais do segundo grau (irmãos).

O casamento e a união estável implicam obrigações de auxílio recíproco entre o casal, mas não entre a mulher e a família de seu ex-marido/companheiro, ou o ex-marido/companheiro e a família da mulher. Não há previsão legal no direito brasileiro para alimentos entre afins. A disposição do artigo 1696 do Código Civil,[110] que possibilita o pedido de alimentos entre parentes em linha reta ascendente não é extensivo a afins.[111]

Não apenas não há na lei brasileira qualquer obrigação de alimentos decorrente do parentesco por afinidade, como também sua menção em todos os artigos do Código Civil são para estabelecer limites e abstenções. Seu registro não é para conceder direitos, mas para determinar proibições, como proibir o casamento entre os afins em linha reta, permanecendo a proibição mesmo depois do término do matrimônio. Cessa a causa, mas não cessa o efeito, conforme o § 2º do artigo 1.595 do Código Civil,[112] que determina que a afinidade, na linha reta, não se extingue nem com a dissolução do casamento ou união estável que a originou.

---

[109] O Art. 1.592, Código Civil estende o parentesco até o quarto grau na linha colateral.

[110] Art. 1.696 do Código Civil: "O direito à prestação de alimentos é recíproco entre pais e filhos, e extensivo a todos os ascendentes, recaindo a obrigação nos mais próximos em grau, uns em falta de outros."

[111] "Não há dever de alimentos entre os parentes por afinidade, como, por exemplo, entre o sogro e a nora (STJ, 3ª T., RMS 957-0/BA, Rel. Min. Eduardo ribeiro, ac. 09.08.1993, DJU 23.08.1993, p. 16.575). A afinidade é regulada pelo Código mais como causa de restrições do que como fonte de direitos (impedimento matrimonial: art. 183, II)". GOMES, Orlando. *Direito de família...*, p. 427.

[112] Art. 1.595 [...] § 2º Na linha reta, a afinidade não se extingue com a dissolução do casamento ou da união estável.

A partir de uma falsa crença de obrigação resultante da afinidade, há mulheres que, na separação, desconsideram a situação pessoal do marido, acreditando que, sendo os sogros ricos, têm elas direito ao mesmo padrão econômico dos sogros, e às benesses que o dinheiro deles proporciona ao filho – ex-marido ou ex-companheiro –, pretendendo para si uma extensão desses benefícios. Na verdade, estão a pleitear alimentos aos sogros, e não ao marido. E muitas vezes utilizam o filho como instrumento para que elas, as mães dos netos, recebam alimentos dos sogros.[113]

Nessas ocasiões ocorre equívoco no estabelecimento do polo passivo. Há mulheres – principalmente – que confundem a situação do ex-marido com a situação dos pais do ex-marido. Na separação, lutam para manter igual padrão de vida dos *pais do ex-marido*, e não do ex-marido, mesmo que ele não tenha adquirido bens, mesmo que ele viva à sombra dos pais e sob sua dependência econômica. Entusiasmaram-se com a fortuna da família do marido, e não conseguem dissociar o ex-marido da família dele. Os sogros é que são ricos. O ex-marido, não.[114] O casamento, muitas vezes, é realizado tendo em vista a família do cônjuge, a riqueza do clã do marido. No entanto, os sogros não têm qualquer responsabilidade

---

[113] ALIMENTOS. OBRIGAÇÃO AVOENGA. PRESTAÇÃO *IN NATURA*. 1. A obrigação de sustento dos filhos é primordialmente dos pais, estendendo-se aos avós apenas na ausência ou falta da condição dos mesmos. Sendo os pais jovens, capazes e aptos ao trabalho, devem atender as necessidades da prole no padrão de vida que puderem. 2. Se a genitora vive momentaneamente situação de desemprego, cabe-lhe buscar o mercado de trabalho, sendo inaceitável que busque desfrutar da pensão das filhas por osmose. 3. Considerando que os avós já estão assegurando a moradia, devem permanecer com tal encargo, pois não restou demonstrada qualquer alteração nas suas condições e nada evidencia a impossibilidade de permanecerem com tal encargo, que constitui prestação alimentar *in natura*. Recurso provido em parte, por maioria. Ac nº 70005523345. 7ª C.C. TJRS, Rel. Des. Sérgio Fernando de Vasconcellos Chaves. Julgado em 19/02/2003.

[114] Alerta-se para situações diferenciadas: não confundir a pretensão da mulher separada à fortuna dos sogros, quando o marido realmente não mantém o mesmo padrão de vida dos pais, com o artifício utilizado por muitos homens para não pensionar as mulheres ou os filhos. Nesse último caso, o homem é sócio da empresa paterna, pode ser o mentor intelectual da empresa, mas recebe uma irrisória e fictícia importância a título de *pro labore*, ou apresenta uma carteira profissional assinada como empregado da empresa, salário baixo, com o visível intuito de burlar qualquer pretensão alimentária ou patrimonial da esposa. Por vezes, inclusive os bens adquiridos na constância do casamento são registrados em nome "da empresa".

para com a nora. Finda a união, a pretensão alimentária da mulher e dos filhos deve ser direcionada ao ex-marido e pai de seus filhos, tendo em conta a real situação do ex-marido e pai dos filhos, dos ganhos dele. A partir da situação econômica do ex-marido ou ex--companheiro, – e não da família dele[115] – é que deverão ser fixados os alimentos: para a mulher, somente enquanto tramita o processo de separação judicial (alimentos provisionais), ou durante um tempo razoável necessário para ela se inserir no mercado de trabalho – a não ser que seja idosa demais para trabalhar ou tão doente que não possa fazê-lo; e para o filho do casal separado, alimentos de acordo com o nível de vida do pai, e não dos avós.

Nessa linha, vale lembrar de julgamento no TJRS, que resultou na ementa: "Agravo de instrumento. Bloqueio de 50% dos depósitos bancários, proibição de transferência de direitos do agravante nas sociedades para terceiros, e alimentos".[116] Nesse julgado, pon-

---

[115] ALIMENTOS. OBRIGAÇÃO AVOENGA. INOCORRÊNCIA DE SITUAÇÃO EXCEPCIONAL. 1. Cabe aos genitores prover o sustento da prole, que deve manter padrão de vida que os pais lhe puderem proporcionar e não os avós. 2. Somente se justifica o pedido de alimentos contra os avós em situação excepcional, isto é, quando nem o pai nem a mãe possuem condições de atender às necessidades do filho, o que não é o caso dos autos. 3. Se o pai trabalha, possui rendimentos, foi obrigado a dar pensão e está cumprindo com a obrigação e se a mãe também trabalha, cabe a eles a obrigação de prover o sustento do filho. 4. Sendo a ação promovida também contra os avós paternos, cabível o chamamento também dos avós maternos para integrarem a lide consoante prevê, expressamente, o art. 1698 do CCB. Recurso provido, por maioria. AI nº 70 014 791 883. Sétima Câmara Cível Rel. Des. Sérgio Fernando de Vasconcellos Chaves. Julgado em 12/07/2006.
EMBARGOS DE DECLARAÇÃO. OMISSÃO E CONTRADIÇÃO. Encontrados os defeitos apontados pela parte embargante, cumpre o acolhimento dos embargos de declaração para sanar o defeito no julgado. MAJORAÇÃO DA PENSÃO ALIMENTÍCIA. OBRIGAÇÃO AVOENGA. A obrigação avoenga é subsidiaria e complementar. Assim, embora a avó tenha mais possibilidades, não tem o dever legal de sustentar a neta dentro do seu padrão de vida, mas sim, tem obrigação de auxiliar o sustento básico da neta. ACOLHERAM OS EMBARGOS DE DECLARAÇÃO. Embargos de Declaração nº 70036380194, Oitava Câmara Cível, Tribunal de Justiça do RS, Relator Des. Alzir Felippe Schmitz, Julgado em 10/06/2010.

[116] "Mostra-se cautelosa a medida de bloqueio da metade dos depósitos bancários do agravante, bem como a proibição de transferência de suas quotas societárias a terceiros, visando a preservar eventual meação da agravada, eis que casados sob o regime da comunhão parcial de bens. No entanto, demasiado elevado o valor correspondente a 60 salários mínimos fixados a título de alimentos provisionais. Pertencer a família tradicional e abastada não significa ser detentor de patrimô-

derou o Relator que a Agravada se casou com o marido, e não com a família do marido. Assim, se ela se casou com um rapaz sustentado pelos pais ricos, o eventual dever de sustento dos pais, ou a simples vontade de ajudar o filho não se estende à nora.[117] Não há nenhum respaldo legal para que a mulher, na separação, pretenda alimentos que o marido poderia lhe fornecer se tivesse a fortuna dos pais.[118] Os bens somente serão partilhados entre os herdeiros com a morte do autor da herança.[119]

Conforme se infere, o vínculo da afinidade só gera efeitos restritivos para afastar o *afim* da pretensão a determinados direitos, e proibi-lo da prática de certos atos.

No entanto, mesmo os afins podem receber alimentos, não em decorrência da lei, mas por meio de *atos voluntários*, que decorrem de declaração de vontade *inter vivos* ou *causa mortis*. Os primeiros se constituem em decorrência de contrato, e os outros em decorrência da morte de pessoa que deixou testamento com disposição alimentária.

1.1.5. Características da obrigação alimentar

Constituem-se nas principais características da obrigação alimentar:[120]

---

nio próprio, questão a ser apurada na instrução do feito. Alimentos reduzidos para 20 salários mínimos. Agravo parcialmente provido." (AI nº 70 000 133 025, 7ª Câm. Cív. Do TJRS, Rel. Des. Sérgio Fernando de Vasconcellos Chaves, julg. 20.10.99).

[117] "A obrigação alimentar decorre da lei, não se podendo ampliar a pessoas por ela não contempladas. Inexiste esse dever em relação à nora." (STJ, 3ª T, RMS n.º 957-0/BA, Rel. Min. Eduardo Ribeiro, AC, 09.08.1993, DJU 23.08.1993, p. 16.575).

[118] Não há dever de alimentos entre os parentes por afinidade, como, por exemplo, entre o sogro e a nora (STJ, 3ª T., RMS 957-0/BA, Rel. Min. Eduardo Ribeiro, ac. 09.08.1993, DJU 23.08.1993, p. 16.575). A afinidade é regulada pelo Código mais como causa de restrições do que como fonte de direitos (impedimento matrimonial: art. 183, II) GOMES, Orlando. *Direito de família...*, p. 320.

[119] Ver Art. 1572 do Código Civil: "Aberta a sucessão, o domínio e a posse da herança transmitem-se, desde logo, aos herdeiros legítimos e testamentários."

[120] Elaboração da Autora, a partir dos ensinamentos de CAHALI, Yussef Said. *Dos alimentos...*, p. 15 a 27; SANTOS, Eduardo dos. *Direito de família...*, p. 639 a 645; RIZZARDO, Arnaldo. *Direito das sucessões...*, p. 713 a 738.

a) *Transmissibilidade* da obrigação alimentar aos herdeiros do devedor, prevista no art. 1700 do Código Civil, que remete ao art. 1694. Houve substancial modificação do Código de 1916, que determinava expressamente a intransmissibilidade da obrigação alimentar, no art. 402; posteriormente, o artigo 23 da Lei do Divórcio dispôs a esse respeito, gerando muitas dúvidas em sua interpretação;[121]

b) *Direito personalíssimo* – significa que não pode ser transmitido a outrem. No entanto, sofreu modificação com o NCC; continua personalíssimo somente no polo passivo, em face da novidade da transmissibilidade da obrigação alimentar preconizada no artigo 1.700 do Código Civil;

c) *Irrenunciabilidade* (ao direito) consoante reza o art. 1707, CC. Essa determinação é a considerada por muitos doutrinadores como grande equívoco na redação do Código Civil vigente, porquanto se refere tanto ao *jus sanguinis* quanto ao *jus matrimonii*. Na verdade, os alimentos deveriam ser irrenunciáveis somente com relação ao *jus sanguinis*, aos filhos e parentes, pois o casamento e a união estável se constituem em contrato entre seus constituintes;

d) *Incessibilidade*, prevista também no art. 1.707, CC. Não se pode ceder a terceiros os alimentos a que se tem direito;

e) *Impenhorabilidade*, estabelecida no art. 813, CC + 1.707, CC, art. 649, VII, CPC. Os alimentos não são passíveis de penhora;

f) *Incompensabilidade*: art. 373, II, CC. Os alimentos são incompensáveis. Se o devedor de alimentos se torna credor do alimentado por outro motivo, como, por exemplo, em um acidente de trânsito com danos, não pode pretender compensar os seus prejuízos cessando o pagamento dos alimentos que deve ao alimentado que lhe ocasionou o dano material;

g) *Intransacionabilidade*: de alimentos futuros; do direito. Os alimentos futuros não podem ser transacionados. Assim, uma mãe que representa o filho não pode fazer acordo de separação em que

---

[121] BRASIL. Lei nº 6.515, de 26 de dezembro de 1977. Disponível em: <http://www.planalto.gov.br/ccivil_03/Leis/L6515.htm>. Acesso em: 10 de março de 2011. Lei do divórcio. Art. 23: " A obrigação de prestar alimentos transmite-se aos herdeiros do devedor, na forma do art. 1.796 do Código Civil". Art. 1.796 do Código Civil de 1916 (que era o Código em vigor em 1977): "A herança responde pelo pagamento das dívidas do falecido [...]".

"negocia" com o pai o direito a alimentos do filho, liberando o pai do encargo futuro em troca de o ex-marido lhe deixar a totalidade dos bens. Já os alimentos devidos e impagos (pretéritos), esses são passíveis de transação;

h) *Imprescritibilidade*: art. 23 da Lei dos Alimentos – Lei 5478/68. É o direito que não prescreve, mas não o débito, pois este prescreve em 2 anos, de conformidade com o § 2º do art. 206 do Código Civil;

i) *Preferencial e indeclinável*. O crédito alimentar tem preferência sobre os outros créditos;

j) *Irretroatividade*. Os alimentos não visam a suprir necessidades pretéritas. O art. 4º da Lei nº 5.478 conforta a tese: não se pode ingressar com ação de alimentos pedindo efeito retroativo, pois a obrigação alimentar, embora moral, somente assume caráter legal após sua fixação, pelo Juiz, ou com homologação de acordo;

k) *Irrepetibilidade*. Os alimentos são irrepetíveis, ou seja, não podem ser "devolvidos", uma vez pagos. Existe, no entanto, a possibilidade aventada de buscar de terceiro o prejuízo havido, como na ação investigatória de paternidade cumulada com alimentos, em que na sentença o sedizente pai, que pagou alimentos durante o transcorrer do feito, não foi declarado pai. Nesse caso, aquele que pagou indevidamente poderá buscar do pai registral, no futuro, a indenização cível;

l) *Condicionalidade*:[122] art. 1.694, § 1º, CC. Os alimentos são fixados de acordo com a necessidade de quem pede, e a possiblidade de quem alcança. Dessa forma, se estabelece um condicionamento, uma inter-relação entre esses dois fatores – *necessidade* e *possibilidade*. A condicionalidade, de fato, é a vinculação ao resultado do criterioso exame do binômio *necessidade-possibilidade*, vem inserido, por uma questão de lógica, o aspecto da *proporcionalidade*, que não é parte integrante de um "trinômio", mas sim o resultado lógico do binômio. A pensão alimentícia está condicionada à manutenção dos pressupostos que originaram a prestação.[123]

---

[122] Que Rolf Madaleno denomina de "condicionabilidade", em sua obra *Curso de Direito de Família*. Rio de Janeiro: Forense, 2008, p. 653.
[123] RIZZARDO, Arnaldo. *Direito de Família*..., p. 717.

m) *Variabilidade*, outra das características da obrigação alimentar, tem seu fundamento legal no art. 1.699, que determina que, "se fixados os alimentos, sobrevier mudança na situação financeira de quem os supre, ou na de quem os recebe, poderá o interessado reclamar ao juiz, conforme as circunstâncias, exoneração, redução ou agravação do encargo". Logo, a *variabilidade* é a possibilidade de revisão do *quantum* alimentar, sempre que houver mudança no binômio necessidade-possibilidade.

n) *Reciprocidade:* os alimentos são recíprocos entre parentes. De conformidade com o artigo art. 1.696, CC, a reciprocidade é ilimitada na linha reta, e nos termos do art. 1.697, CC, é limitada ao 2º grau na linha colateral. Os cônjuges também têm recíproca obrigação alimentar – arts. 1.566, inc. III, e art. 1.694, CC, da mesma forma que os companheiros na União Estável: art. 1.694, CC;

o) *Periodicidade:* sendo a pensão alcançada de forma imprópria, através de pagamentos em espécie, ou outra forma de bem que vá se transformar em espécie (sacas de soja, gado, etc.), deve sê-lo de forma periódica. O mais comum é mensalmente. Conforme o art. 1.701, Parágrafo Único, CC, compete ao Juiz, se as circunstâncias o exigirem, fixar a *forma* do cumprimento da obrigação;

p) *Ausência de solidariedade.* A solidariedade não se presume na obrigação alimentar, decorrendo da lei ou da vontade das partes arts. 264, 265, CC. Cada um é obrigado conforme suas posses, inexistindo solidariedade para a totalidade do que é necessário No entanto, a disposição do artigo 1.698 suscita controvérsias, e o artigo 12 do Estatuto do Idoso[124] aponta obrigação solidária;

q) *Divisibilidade*: art. 1.698, CC "serão chamados a concorrer". Em não sendo obrigação solidária, a princípio, salvo a exceção supra destacada é obrigação conjunta; logo, divisível. Antes do Código de 20º, 2, a divisibilidade era entendimento doutrinário dominante, mas foi regrado em sentido diverso no novo Código, que determinou a respeito de direito processual – litisconsórcio: *intentada a ação contra uma delas, poderão as demais ser chamadas a integrar a lide*. Doutrinadores de peso se posicionam contra esse artigo, liderados por Francisco Cahali.

---

[124] Art. 12. A obrigação alimentar é solidária, podendo o idoso optar entre os prestadores.

1.2. Os protagonistas da relação alimentar

Na área pertinente ao Direito de Família, a obrigação alimentar decorre da filiação, do parentesco, do casamento ou da união estável – esta última a partir da Lei n.º 8.971/94, complementada pela Lei 9.278/96, posteriormente recepcionada no artigo 1.694 do CC 2002.[125] Não se incluem aqui os alimentos decorrentes da "vontade", concretizados através do testamento com o legado de alimentos, previsto no artigo 1.920 do CC,[126] ou de mero contrato entre as partes, sem a obrigatoriedade desse artigo, nem dos alimentos prestados em decorrência de *ato ilícito*, como em acidente com vítimas que devem ser indenizadas – art. 950 do Código Civil, conforme já mencionado,

A doutrina tradicional apresentava a obrigação alimentar decorrente de leis relativas ao *jus sanguinis* – parentesco e filiação, – e do *jus matrimonii* – casamento –, sem contemplar a união estável, pois recente sua inclusão nos benefícios alimentários. Com a recepção constitucional da união estável, estendeu-se, por analogia, o direito a alimentos decorrentes do *jus matrimonii* também às situações de união estável. No ano de 1994, foi sancionada a Lei nº 8.971, e em 1996 a Lei nº 9.278, ambas relativas à União Estável. A matéria foi tratada somente em leis esparsas, até que o Código Civil de 2002 recepcionou a entidade familiar constituída pela União Estável.

Os pais detêm a maior responsabilidade alimentar, pois à sua mercê estão os filhos menores de idade, incapazes civilmente até os dezoito anos de idade, nos termos da lei, mesmo que relativamente capazes entre os dezesseis e os dezoito anos.[127] "Os filhos estão sujeitos ao poder familiar, enquanto menores" (art. 1.630, CC) e a aos pais compete criar e educar os filhos.[128] A eles incumbe, pois, o sustento de seus filhos.

---

[125] Art. 1.694: "Podem os parentes, os cônjuges ou companheiros pedir uns aos outros os alimentos de que necessitem para viver de modo compatível com a sua condição social, inclusive para atender as necessidades de sua educação."

[126] Art. 1.920: "O legado de alimentos abrange o sustento, a cura, o vestuário e a casa, enquanto o legatário viver, além da educação, se ele for menor."

[127] Artigos 3º e 4º do Código Civil Brasileiro.

[128] Art. 1.634, CC: "Compete aos pais, quanto à pessoa dos filhos meores: I – dirigir-lhes a criação e educação; II – tê-los em sua companhia e guarda; III – conceder-lhes ou negar-lhes consentimento para casarem; IV – nomear-lhes tutor por

O artigo 1.696 consagra a reciprocidade da obrigação alimentar, bem como determina que a obrigação se fixe no parente mais próximo, estabelecendo uma ordem gradativa no chamamento à obrigação: "O direito à prestação de alimentos é recíproco entre pais e filhos, e extensivo a todos os ascendentes, recaindo a obrigação nos mais próximos em grau, uns em falta dos outros.".

Inovação corre por conta do artigo 1.698, que determinou a *concorrência* dos obrigados alimentários, estabelecendo em um código *material* regras *processuais:*

> Se o parente, que deve alimentos em primeiro lugar, não estiver em condições de suportar totalmente o encargo, serão chamados a concorrer os de grau imediato; sendo várias as pessoas obrigadas a prestar alimentos, todas devem concorrer na proporção dos respectivos recursos, e, intentada ação contra uma delas, poderão as demais ser chamadas a integrar a lide.

Apesar das controvérsias, o entendimento predominante tem sido que a obrigação não é solidária no sentido jurídico, mas divisível, constituindo-se em litisconsórcio passivo facultativo.[129]

O que se vê na doutrina e principalmente na jurisprudência é que não se encontram suficientemente estabelecidos os limites das obrigações alimentárias, e não há o necessário discernimento entre a obrigação dos pais e a obrigação dos demais parentes, sejam eles ascendentes ou colaterais, principalmente entre os ascendentes: há

---

testamento ou documento autêntico, se o outro dos pais não lhe sobrviver, ou o sobrevivo não puder exercer o poder familiar; V – representá-los, até os 16 (dezesseis) anos, nos atos da vida civil, e assisti-los, após essa idade, nos autos em que forem partes, suprindo-lhes o consentimento; VI – reclamá-los de quem ilegalmente os detenha; VII – exigir que lhes prestem obediência, respeito e os serviços próprios de sua idade e condição."

[129] ALIMENTOS. OBRIGAÇÃO AVOENGA. Natureza subsidiária e complementar da obrigação, uma vez esgotadas as possibilidades de prestação alimentar pelos pais. Inteligência do artigo 1.696 do CCB. Litisconsórcio passivo entre os demais progenitores, desnecessidade. Caráter não-solidário da obrigação. Hipótese em que a mãe dos beneficiários enfrenta dificuldades para, sozinha, prover o sustento das filhas. Genitor cumprindo pena em estabelecimento prisional. Excepcionalidade comprovada, justificando a manutenção da obrigação da avó paterna, de forma complementar. Circunstâncias, porém, que autorizam uma redução da pensão, diante das dificuldades financeiras enfrentadas pela obrigada. Apelação da alimentante parcialmente provida, prejudicada a das autoras. Apelação Cível nº 70037837739, Oitava Câmara Cível, Tribunal de Justiça do RS, Relator DES. LUIZ ARI AZAMBUJA RAMOS, Julgado em 16/09/2010.

uma tendência de responsabilizar os avós a uma prestação alimentar como se pais fossem, quando não o são.

De acordo com disposição constitucional, além da família compete também ao Estado a responsabilidade alimentar de seus cidadãos. Tal fato é inconteste, sendo sempre atual a lição de Lafayette Pereira, *in verbis:*

> Quando ao homem colocado em qualquer das circunstâncias aludidas falecem posses, quem deve vir-lhe em auxílio para não deixá-lo sucumbir à míngua? – O Estado? Certo, ao Estado incumbe essa obrigação; mas antes do Estado, que deve proteção a todos os infelizes, a voz da natureza chama os pais e os parentes mais próximos.[130]

Sejam os pais, os avós, os irmãos, os cônjuges ou os companheiros os componentes da relação alimentar, os elementos norteadores da situação são a necessidade de quem pede e na possibilidade de quem dá, devidamente ponderados, atendendo-se sempre à natureza da obrigação.

1.3. O destaque do binômio necessidade-possibilidade

Já determinava o Assento de 9 de abril de 1772 em seus §§ 1 e 2 que os alimentos são devidos quando estão presentes dois requisitos: 1) quando o alimentado não tem bens e está impossibilitado de prover sua própria subsistência com seu trabalho ou indústrias, e 2) quando a pessoa a quem o pedido foi direcionado pode fornecê-los sem prejuízo de seu próprio sustento, especificando em seu § 2 nº 1 que se aplica "nos casos em que os pais têm com que se alimentem ou apenas têm o preciso e indispensavelmente necessário para a própria alimentação". Essa linha se destaca nos Códigos francês, italiano, chileno e argentino.[131]

---

[130] PEREIRA, Lafayette Rodrigues. *Direitos de família*. 5. ed. Rio de Janeiro: Freitas Bastos, 1956, p. 327.

[131] Código Civil francês, "Art. 208. Les aliments ne sont accordés que dans la proportion du besoin de celui qui les réclame, et de la fortune de celui qui les doit." FRANÇA, Código. *Code Civil*. 73. ed. Paris: Dalloz, 1974.
Código Civil italiano. "Art. 143. Doveri reciproci dei coniugi. – Il matrimonio impone ai coniugi l'obbligo reciproco della coabitazione, della fedeltá e dell'assintenza." ITALIA, Código. *Codice Civile e leggi complementari*. 10. ed. Padova: CEDAM, 1971.
Código Civil chileno. Art. 220. "Aunque la emancipación dé al hijo el derecho de obrar independientemente, queda siempre obligado a cuidar de los padres en su

Constava no artigo 400 do Código Civil de 1916 que "os alimentos devem ser fixados na proporção das necessidades do reclamante e dos recursos da pessoa obrigada.". E o Código de 2002 igualmente determina no § 1º do artigo 1.694 que "os alimentos devem ser fixados na proporção das necessidades do reclamante e dos recursos da pessoa obrigada."

Dimensionar as exatas necessidades de quem requer alimentos se mostra tarefa difícil; verificar as possibilidades da parte demandada, por sua vez, não encontra de regra os mesmos percalços, pois se constata nos seus ganhos. A situação se torna mais árdua quando o demandado não tem vínculo empregatício, como o autônomo, que pode esconder seus reais ganhos para se furtar à obrigação alimentar.

A dificuldade em verificar as necessidades de quem pede alimentos está no fato de que, além das necessidades vitais, que se constituem em alimentos "naturais", existem as "civis", conforme já exposto, que englobam outras necessidades que, mesmo não sendo indispensáveis á sobrevivência, tornam a vida melhor, mais suave, mais completa, mais agradável, mais digna.

O artigo 1.694 do Código Civil igualou as responsabilidades alimentares decorrentes de institutos diversos, como do casamento, união estável, e parentesco *latu sensu*, ao dispor em seu *caput*, como se fossem todas as responsabilidades decorrentes da mesma natureza jurídica, que os parentes, os cônjuges ou os conviventes podem pedir uns aos outros os alimentos de que necessitem para viver, "de modo compatível com sua condição social, inclusive para atender às necessidades de sua educação."

Ao determinar o "modo compatível com a sua condição social" se evidencia de pronto equívoco, eis que a manutenção do

---

ancianidad, en el estado de demencia, y en todas las circunstancias de la vida en que necesitaren sus auxilios." CHILE, Código. *Codigo Civil*. 7. ed. Santiago: Juridica de Chile, 1977.
Código Civil argentino. Art. 370. "El pariente que pida alimentos, debe probar que le faltan los medios para alimentarse, y que no le es posible adquirirlos con su trabajo, sea cual fuere la causa que lo hubiere reducido a tal estado." Art. 371. El pariente que prestase o hubiese prestado alimentos voluntariamente o por decisión judicial, no tendrá derecho a pedir a los otros parientes cuota alguna de lo que hubiere dado, aunque los otros parientes se hallen en el mismo grado y condición que el." ARGENTINA, Código. *Codigo Civil*. Buenos Aires: Zavalía, 1989.

padrão social somente se deve aplicar aos filhos menores de pais separados, quando um dos pais proporcionava um elevado nível de vida ao filho, e o outro pai que vai deter a guarda não tem condições de manter o mesmo padrão social. Então, sim, se justifica a medida, mas não é adequada no caso de cônjuge ou convivente.

A manutenção do padrão de vida é uma obrigação de ordem material e moral, com previsão legal, decorrente do *poder familiar*; mas não decorrência do casamento, nem das relações de parentesco, que estão mais ligadas ao espírito de solidariedade do que com a obrigação de criar, sustentar, dar estudo, rasgar-se, dilacerar-se em função do outro. Não existe a obrigação de um irmão garantir a condição social de outro; nem de um avô proporcionar ao neto o padrão de vida que mantinha na casa dos pais.

De início, uma separação implica sustentar duas casas em vez de uma, tronando-se na maioria das vezes impraticável a mantença do mesmo padrão, tanto mais no casamento ou união estável, embora a quota alimentar dos pais aos filhos sob o poder familiar deva manter, dentro do possível, o nível socioeconômico de quando a família se encontrava unida.[132]

O artigo 1.695 do Código Civil, de nº 1.695, determina: "São devidos os alimentos quando quem os pretende não tem bens suficientes, nem pode prover, pelo seu trabalho, à própria mantença, e aquele, de quem se reclamam, pode fornecê-los, sem desfalque do necessário ao seu sustento.".

A expressão "sem desfalque do necessário a seu sustento" pode levar a uma equivocada interpretação de que a pessoa que alcança alimentos deve fazê-lo até o limite de sua fortuna, ficando apenas com o indispensável para sua própria sobrevivência, enquanto quem os recebe, por outro lado, tem garantido seu conforto, sua "condição social". Tal entendimento já se encontra em decisão do TJRS do ano de 1986, em julgamento que teve como Relator o Ministro Athos Gusmão de Carneiro, que assim justificou o voto:

> A responsabilidade dos avós não é apenas sucessiva em relação à responsabilidade dos progenitores, mas também é complementar para quando os progenitores não estão em condições financeiras de arcar com a totalidade da pensão de que

---

[132] BELUSCIO, Claudi Alejandro. *Alimentos debidos a los menors de edad*. Buenos Aires: Garcia Alonso, 2007, p. 123.

os descendentes necessitam e que os avós estejam em condições de adequadamente complementar. [...]
Assim eminentes Colegas, no caso dos autos, em tese, os réus, se lhes for possível sem desfalque do indispensável à própria subsistência, estarão obrigados a complementar a pensão que o pai, acaso, realmente puder pagar aos autores. Impõem-se, pois na ação de alimentos, sua instrução e a sentença de mérito.[133]

Nessa linha, ocorre uma inversão de valores, pois quem recebe os alimentos vai manter a sua condição social, ao passo de quem alcança fica obrigado ao máximo suportável, até que lhe reste apenas o mínimo essencial para sua própria sobrevivência. Dessa forma, o alimentante pode ser levado à beira da miséria.

Outro equívoco do artigo 1.694 é que ao dispor que os alimentos devem ser fornecidos "inclusive para atender às necessidades de sua educação", não limita a quem se estende o benefício, se aos filhos, se aos parentes, se ao ex-cônjuge ou ao ex-companheiro. Na verdade, a educação é obrigação dos pais para seus filhos menores, mas pela redação do artigo 1.694 se estendeu a todos os alimentados, incluindo a educação genericamente, sem distinção, suprimindo-se do projeto a expressão "quando o beneficiário for menor".[134] Em outubro de 2008, o STJ editou a Súmula nº 358/2008,[135] que dispõe a respeito da continuidade da pensão alimentícia ao filho que completa a maioridade, e determina que o cancelamento dos alimentos está sujeito à determinação judicial, na qual se exercitará o contraditório, mesmo que nos próprios autos.

Francisco Cahali faz críticas veementes ao Código de 2002 no que toca aos alimentos:

[...] em um só subtítulo, entre os artigos 1.694 e 1.710, trata-se promiscuamente dos alimentos, quer tenham eles origem na relação de parentesco, quer sejam conseqüentes do rompimento do casamento ou da convivência. Esta modificação

---

[133] Ap. 585058100 (segredo de justiça) – 1ª C.C. – J. 6.5.86 – Rel. Des. Athos Gusmão Carneiro.

[134] Anteprojeto do Código Civil, revisto (1973). Art. 1891. "Podem os parentes ou os cônjuges pedir uns aos outros os alimentos de que necessitam para viver de modo compatível com a sua condição social, inclusive para atender às necessidades de sua educação, quando o beneficiário for menor." BRASIL, Código. Senado Federal. Subsecretaria de Edições Técnicas. *Código Civil*: Anteprojetos. Brasília, DF: SET, 1989. v. 5, t. 2, p. 407.

[135] Súmula nº 358/2008 STJ: "O cancelamento de pensão alimentícia de filho que atingiu a maioridade está sujeito à decisão judicial, mediante contraditório, ainda que nos próprios autos".

estrutural, sem dúvida, repercute na interpretação das regras e princípios sobre a matéria, indicando venha a prevalecer o tratamento idêntico da pensão, independentemente da origem da obrigação. [...] Em linhas gerais, a polêmica gravita em torno da natureza jurídica da pensão alimentícia devida ao cônjuge (ou convivente) e aquela destinada aos familiares consangüíneos. A primeira tem seu histórico pautado (embora de forma não exclusiva) no caráter indenizatório-punitivo, já a segunda repousa seus princípios genericamente na solidariedade familiar, e, quando destinada aos filhos menores, especificamente no dever de sustento inerente ao poder familiar (já utilizando a nova identificação do pátrio poder.[136]

O direito argentino apresenta regimes legais específicos para as diferentes categorias alimentares. De acordo com sua natureza jurídica, os alimentos são regrados diferentemente para filhos menores, ("de la pátria potestas", art. 265 a 272); e entre cônjuges (arts. 198, 199 *in fine*, 207, 210).[137]

2. DEVER DE ALIMENTOS E DEVER DE SOCORRO

Dever de alimentos e dever de socorro não são sinônimos.

A obrigação de os pais prestarem alimentos aos filhos não cessa. Inicia em virtude do poder familiar e continua em decorrência do parentesco. No entanto, as espécies de obrigação diferem, sendo mais ampla e profunda com relação aos filhos menores, em virtude do dever de sustento, que exige dos pais sacrifícios mesmo em prejuízo de si próprios.

Dispondo o filho de rendimentos próprios, ou bens que lhe possibilitem o próprio sustento, não há necessidade de auxílio econômico por parte dos pais, mesmo em sua menoridade. Uma criança que recebe uma grande herança, por exemplo, não necessita pleitear alimentos, pois tem bens que lhe proporcionam rendas. Nesse sentido, é pertinente a lição de Marco Aurélio da Silva Viana, *in verbis:*

---

[136] CAHALI, Francisco Jose. Dos alimentos. In: DIAS, Maria Berenice Dias (Coord); PEREIRA, Rodrigo da Cunha (Coord.). *Direito de família e o novo código civil.* 2ª ed. Belo Horizonte: Del Rey, 2001, p. 194.

[137] ARGENTINA, Código. HIGHTON, Elena I. (Coord.); BUERES, Alberto J. (Dir.). *Código Civil y normas complementarias*: análisis doctrinal y jurisprudencial, artículos 159/494, familia. Buenos Aires: Hamurabi, 2007, p. 481/495; 198/200.

Cabe aos pais tanto educar, guardar e instituir os filhos como prover às suas necessidades materiais. Mas,ocorrendo que o menor seja rico, não há como agir dos pais que desfalquem o próprio patrimônio para entregar ao menor, se ele tem recursos próprios. Continuarão com a guarda, instrução e educação do menor, mas disporão dos recursos da criança. [...] Tratando-se de filho maior, os alimentos nascem com a concorrência de todos os pressupostos. Antes, ele há de procurar o próprio sustento, por meio de seu esforço, para só depois, provando o estado de miserabilidade, acionar os pais.[138]

É importante ressaltar que os alimentos visam à manutenção do alimentado, e não a seu enriquecimento.

O direito brasileiro recepciona a culpa como fator delimitador da obrigação alimentar, que se cinge aos alimentos *necessarium vitae*. Pontes de Miranda ensinava que "ainda que a impossibilidade provenha de caso fortuito ou culpa do alimentário, menor ou maior, os alimentos são devidos".[139]

O Assento de 9/4/1772, do Direito português, reflete a situação da época, ao dispor:

Não têm os pais e demais ascendentes tal obrigação quando eles mesmos não possuem o necessário para a sua manutenção, ou apenas têm o indispensável. Assim, o devedor dará o que lhe sobra. [...] o filho de um operário não tem direito de exigir uma situação superior do que poderia ser dada pelo seu pai, como também, o filho de um banqueiro não pode sujeitar-se aos caprichos do pai, quando este lhe queira prestar uma contribuição incompatível com a sua posição social. Os alimentos são proporcionais aos rendimentos do devedor, e não a seu patrimônio, o que indica que ele não deve ser compelido a dispor dele para socorrer o credor. Este se vale de todos os seus bens para o próprio sustento, mas o devedor jamais será obrigado a agir da mesma maneira.[140]

Era do devedor a obrigação de demonstrar, em defesa, que não tinha meios para socorrer o reclamante, de acordo com esses princípios. Apenas uma exceção se encontrava para essa regra: no direito suíço. Por força do art. 329, 2, os irmãos e irmãs não serem compelidos a prestar alimentos senão quando em situação desfavorável: *"Lês frères et soeurs ne peuvent être recherchés que Iorsqu'ils vivent dans l' aisance"*.

---

[138] VIANA, Marco Aurélio da Silva. Alguns aspectos da obrigação alimentar. *Revista dos Tribunais*. São Paulo: RT, v. 67, n. 515, p. 23, 1978.

[139] MIRANDA, Pontes de. *Tratado de Direito Privado*: parte especial, direito de família, direito parental, direito protectivo. 2. ed. Rio de Janeiro: Borsoi, 1954. v. 9, p. 218.

[140] VIANA, Marco Aurélio da Silva. *Alguns Aspectos da...*, p. 24, 1978.

Diante disso, cabia ao credor provar que o devedor se encontrava em boa situação, ou seja, além da necessidade, o alimentando deveria provar a possibilidade do alimentante, sem deixar de serem considerados seus encargos de família e posição social. Dessa forma, havia três pressupostos para configuração da obrigação alimentar: a) relação de parentesco, nos termos determinados em lei, ou dissolução de sociedade conjugal; b) estado de miserabilidade do credor; c) condições econômico-financeiras do devedor.[141]

Se é difícil dimensionar a possibilidade de quem tem a obrigação de prestar alimentos, não menos tortuoso é o caminho para identificar a "necessidade" da pessoa que os pede. Inseridas nas obrigações alimentares de cunho "natural" ou "civil", existem muitas gradações, e distingui-las adequadamente nas pretensões postas é uma tarefa complexa. Ademais, muitas vezes, as sedizentes "necessidades" se apresentam totalmente "mascaradas", e outra coisa não são que não um desejo de vingança, desforra, ou busca por uma situação cômoda de quem não pretende prover o seu próprio sustento.

2.1. A necessidade em sua dimensão contemporânea

Os alimentos devem ser fixados na proporção das necessidades do reclamante e dos recursos da pessoa obrigada.[142] Trata-se de um *confronto das necessidades de quem percebe e das possibilidades de quem paga*.[143] Dessa forma, se estabelece um condicionamento entre esses dois fatores – *necessidade* e *possibilidade* – mediante critério de proporcionalidade. Por muito tempo tratou-se dessa relação como um binômio: *necessidade-possibilidade*. De alguns tempos para cá, julgadores houveram por bem entender que não se tratava de um *binômio*, mas de um *trinômio, necessidade-possibilidade-proporcionali-*

---

[141] VIANA, Marco Aurélio da Silva. *Alguns Aspectos da...*, p. 25, 1978.

[142] § 1º do art. 1.694 do Código Civil.

[143] A ementa: União estável. Dissolução. Alimentos. Verba alimentar devida pelo genitor ao filho menor. Majoração do valor do encargo, pretensão descabida. Análise do chamado binômio alimentar (ou trinômio, para alguns). Confronto das necessidades de quem percebe e das possibilidades de quem paga (CC, art. 1.694, § 1º). (...) Apelação desprovida. (Apelação Cível nº 70038848941, 8ª C.C. TJRS, Relator: Luiz Ari Azambuja Ramos, julgado em 18/11/2010).

dade.[144] Em que pese o notório saber de seguidores dessa teoria, não se constitui em trinômio, mas sim em binômio, que não sofreu nenhuma modificação ao acréscimo, pois o elemento da proporcionalidade nada mais é do que o resultado de uma operação lógica entre o pedido e a concessão, ou seja, a necessidade de que pede e a possibilidade de quem dá.

No comum dos casos, o conceito de *necessidade* tem sido auferido tão somente sob a ótica objetiva, ou seja, com caráter extrínseco. Sob esse enfoque, é suficiente comprovar que a pessoa que pede alimentos não os tem. A simples e objetiva constatação da falta dos alimentos leva à lógica conclusão de que quem não os tem, deles necessita. A situação é de falta de dinheiro ou bens necessários à mantença. Dessa forma, não se questiona o *motivo* pelo qual a pessoa que pede (ou o representante legal da pessoa que pede, caso de crianças e adolescentes) *não tem*: se não tem porque efetivamente *não pode ter*, ou se não tem porque *não quer buscá-los por si própria*. A pessoa alimentada (ou seu representante legal) prefere receber os alimentos de terceiros do que provê-los por si. Assim, a *necessidade*, considerada tão somente em seu sentido denotativo, pode gerar situações de injustiça, encobertando posturas subjetivas de *comodidade* ou *vingança*.

A jurisprudência tem se mantido fiel aos princípios da *condicionalidade* e da *variabilidade* dos alimentos, no sentido tradicional, ou seja, fazendo um exame extrínseco (objetivo ou denotativo) da situação das partes. A clássica "modificação da fortuna" é o elemento fundamental para a alteração dos alimentos, principalmente quando quem alcança pretende se exonerar ou reduzir. Afirma-se que se não houve um aumento das despesas do alimentante, ou uma expressa diminuição de sua *fortuna* – assim entendida sua situação econômica e patrimonial –, nem aumento na fortuna de quem está recebendo os alimentos, ou diminuição de seus gastos,

---

[144] AGRAVO DE INSTRUMENTO. AÇÃO DE ALIMENTOS PROVISÓRIOS. MAJORAÇÃO. CABIMENTO. Em que pese o processo estar ainda no início e não se ter certeza de qual a renda do pai, é de rigor reconhecer que os alimentos fixados em R$ 153,00, para três filhas menores, está muito abaixo das necessidades das três filhas. Aplicação do trinômio necessidade/possibilidade/proporcionalidade. Caso em que, mesmo sem cognição plena das possibilidades do pai, devem os alimentos ser majorados para 01 salário mínimo. AGRAVO PARCIALMENTE PROVIDO. EM MONOCRÁTICA. (Agravo de Instrumento nº 70035770825, 8ª C.C., TJRS, Relator: Rui Portanova, julgado em 16/04/2010).

não estão presentes os pressupostos para a ação revisional, sendo indeferida a pretensão do alimentante.[145]

Habitualmente, no direito brasileiro, não há indagações a respeito da *causa* da alegada necessidade alimentar. No entanto, torna-se necessária uma abordagem do conceito de *necessidade* sob a ótica do direito contemporâneo, considerando-se o aspecto *conotativo* – extrínseco – do conceito, principalmente após as diretrizes de igualdade da Constituição de 1988.

O conceito de "necessidade", embora vago, é determinável, e será composto de acordo com a situação da época, conforme o contexto social e econômico em que se insere a pretensão.[146]

O que, realmente, leva uma pessoa a propor uma demanda alimentar? Sendo contra avós, poderá a representante da criança ou adolescente não pretender trabalhar para sustentar o filho. Ou pode ocorrer que, mesmo o pai não alcançando alimentos, a situação econômica da mãe seja suficiente para a mantença do filho, e mesmo assim a mãe entende que deve demandar os avós paternos. – e aqui se enfatiza que são os *paternos*. Nesses casos, a busca da resposta extrapola os limites do Direito, passando ao campo da Psicologia, numa evidência do quanto é necessária a interdisciplinariedade no Direito de Família.

Muitas vezes, a mãe que representa o filho em uma ação de alimentos não está realmente visando aos interesses dele: vale-se do filho como instrumento para satisfazer as suas próprias necessidades. Outras vezes nem o filho nem a mãe estão necessitados e mesmo assim ela insiste, por comodidade, em afirmar que passa por dificuldades. São os vínculos afetivos da mãe que estão em xeque, qualquer preocupação com o melhor interesse da criança.

---

[145] Nessa linha, decisão do Tribunal de Justiça do Rio Grande do Sul: "Exoneração de alimentos. Descabe desonerar o marido da obrigação assumida quando da separação, de prestar alimentos à cônjuge, se inalterada a situação de qualquer das partes". Recurso desprovido, por maioria, 7ª C.C. TJRS, Ap. Cív. nº 598 544 260, Rel. Des. Maria Berenice Dias.

[146] "A complexidade das relações sociais, em geral, e das familiares, em especial, confere novos desafios ao Direito, e de conseqüência, à jurisprudência: os novos conflitos reclamam posturas diferenciadas.". FACHIN, Rosana Amara Girardi. *Em busca da família do novo milênio*: uma reflexão crítica sobre as origens históricas e as perspectivas do direito de família brasileiro contemporâneo. Rio de Janeiro: Renovar, 2001, p. 56.

Ocorre, ainda, que relações anteriores de pai-filho não foram suficientemente resolvidas, e retornam, agora, pelo neto, desembocando no Judiciário.

Coelho de Souza afirma que os vínculos afetivos entre pais e filhos pautados por entraves afetivos em torno de relações de poder e submissão mal elaboradas, reprimidas, antigas frustrações, retornam no processo judicial em torno do neto, elegendo o potencial econômico como linguagem. Sob essa nova forma, procuram dificultar, de maneira arrastada, o trabalho do psicólogo, do advogado e do Juiz. Destaco, a propósito, trecho de sua autoria:

> Os embates que se levam ao Judiciário tendo velhos como parte, ou que se refiram à terceira geração, mantém direta ou indiretamente em seus desencadeantes o perfil áspero, comum às lides de família, onde se insinuam os sentimentos orientados para a desvalorização dos progenitores e sua incapacitação, como se encobrissem a queixa em si. Mais precisamente, incluem ainda um conjunto de sentimentos agora reativados ou em ruptura com a acomodação. Nas solicitações de provimento ou nas ações de alimentos para os netos em desfavor dos avós, por exemplo, pode-se pensar dinamicamente que o autor, de forma não-consciente, expresse uma insatisfação para com os antigos cuidados recebidos dos pais para consigo. Retorna simbolicamente a alimentação da criança que foi, ou através dela, a sobrevivência inicial. Está, neste momento, identificado prontamente com seu filho menor e volta agora a reivindicar de forma atribulada.
> Aos avós-réus, muitas vezes, também não lhes é possível fazer a transposição entre as gerações, ou seja, mesmo ante as disputas com os filhos, reconhecer as necessidades implícitas, verdadeiras. Na queixa imprecisa do filho adulto, da qual deve se defender, pode simultaneamente estar a necessidade real da criança, a ser provida em nome do afeto ou do desejo de investimento na figura do neto. O melhor interesse da criança previsto na lei, nem sempre nestes casos está priorizado pela família que não consegue também preservá-la da rixa muito anterior à sua existência, mas que renovada, incorre no risco de expô-la pela disputa.[147]

Há que distinguir entre alimentos que decorrem de efetiva "necessidade", dos que significam mera "conveniência", pois para quem pede, sempre será mais interessante acrescer, somar, receber um valor mais elevado.[148] E nessa busca por uma forma mais

---

[147] SOUZA, Ivone Maria Coelho de. Papéis avoengos: uma sobreposição à parentalidade. In: ——. (Coord.) *Parentalidade*: análise psico-jurídica. Curitiba: Juruá, 2009, p. 169-170.

[148] "Alimentanda maior e capaz que desenvolve atividade laboral. Alimentos, para ela, convenientes, mas não necessários". (TJRS, 7ª C.C., 04.06.1997, RJTJRS 183/387).

fácil de levar a vida, é que nos deparamos frequentemente com a "transpessoalidade" na questão alimentária, que ocorre quando o autor (ou autora) ultrapassa sua própria individualidade, vai além de sua própria pessoa, utilizando-se de um terceiro – via de regra o filho – como mero instrumento no litígio contra o ex-cônjuge ou contra os avós, para buscar vantagens para si.

2.2. A busca de alimentos

Diversas são as formas de obter alimentos, sendo a primeira delas através do trabalho. Outras, porém, são possíveis, como por meio de rendas de bens particulares quando embora não se exerça qualquer atividade laborativa, têm-se bens que garantem a própria subsistência.

Imóveis alugados, dinheiro aplicado em poupança, terras arrendadas, parceria rural, possibilitam rendimentos suficientes para uma pessoa sobreviver sem o auxílio de terceiros. Os bens tanto podem ser herdados, como se constituir em fruto do próprio trabalho de quem os possui, que por já ter amealhado um patrimônio razoável, não necessita mais trabalhar, nem receber auxílio de outras pessoas.

A regra é que, por seu próprio esforço, por meio do trabalho, cada pessoa maior e capaz providencie na sua mantença. Para tanto, é necessário que se disponha para tal, acordando cedo, saindo de casa, indo até o local de serviço, cumprindo horário, tirando férias regularmente e se submetendo a outras tantas regras e disciplinas iguais para a grande maioria.

Quando a pessoa tem *condições,* deve trabalhar, e com seu próprio esforço exercer atividade laborativa e auferir renda suficiente para si, dispensando a ajuda de terceiros. No entanto, tal disposição nem sempre é manifestada, seja por comodidade ou acomodação, acarretando sobrecarga a outras pessoas.

Quem não tem nem bens para deles auferir rendimentos, nem um emprego para dele tirar seu sustento, submete-se à dependência de terceiro para sobreviver. Quando um dos componentes do casal que se separou se insere nesse perfil, o encargo recai, via de regra, no ex-cônjuge.

Filhos menores, crianças e adolescentes, impossibilitados de trabalhar por sua pouca idade, são sustentados *pelos pais,* que têm a obrigação legal de prover o sustento da prole.[149] Por outro lado, os pais velhos ou doentes que já cumpriram sua tarefa de trabalhar toda uma vida para sustentar os filhos e encaminhá-los profissionalmente, em um determinado momento de sua trajetória, não têm mais forças nem condições físicas de trabalhar. Então, se não podem mais trabalhar e não têm qualquer renda que lhes possibilite uma velhice digna, devem ser sustentados pelos filhos que criaram.[150]

2.2.1. Situações simuladas

Há pessoas, e por uma questão histórica as mulheres, que embora estejam em perfeitas condições de exercer alguma atividade laborativa para prover o seu próprio sustento, optam por permanecer dependentes de ex-cônjuges ou ex-companheiros, na convicção de que o ex-marido ainda é o *chefe* da família, provedor perene com o dever de sustentar a ex-mulher *ad aeternum*. Fazem questão de se manter totalmente dependentes, como se casamento fosse emprego, e marido, órgão assistencial. Em nome dos filhos, recorrem aos avós, alegando impossibilidade de trabalho, por múltiplas razões – mas nenhuma subsistente. Essa arraigada acomodação já está sendo rechaçada pelos tribunais.[151]

> Historicamente, no mundo, a mulher foi tratada como ser inferior ao homem, menos dotada e olhada com compaixão. Com relação a direitos, os que lhe foram sendo concedidos vieram quase como esmola. Também historicamente, a mulher

---

[149] Ver Art. 1.566, inc. IV, do Código Civil.

[150] Ver Art. 1.696 do Código Civil.

[151] Conforme decisão da 8ª Câmara Cível do Tribunal de Justiça do Estado do RS, em julgamento da apelação no Processo nº 595.181.272, interposta por uma mulher saudável, com 20 anos de idade, que permaneceu casada por curtíssimo lapso de tempo – pouco mais de um ano – e requereu alimentos em nome próprio e da filha do casal contra o ex-marido. O juiz de primeiro grau deferiu os alimentos somente à criança. Recorreu a mulher, pois queria restabelecer relação de dependência econômica com o ex-marido, quando ambos se encontravam em situação de igualdade relativamente à capacidade para o trabalho. Entende o Relator Des. Eliseu Gomes Torres que "Entre os cônjuges existe o dever de mútua assistência e não o dever de sustento do homem para com a mulher, pelo princípio da igualdade entre ambos. Estando eles em situação igual – ambos capacitados para o trabalho, não há porque serem assistidos um pelo outro.".

manifestou tendência a se submeter a essa situação, acomodando-se à posição de inferioridade.[152]

A mulher age como se fosse incapaz mais provavelmente por comodismo, possivelmente por receio; o que não se aceita como justificativa de sua subserviência é a ignorância. Acostumou-se ela a uma situação de dependência com relação ao homem, a não ter iniciativa própria, a ser subordinada. Por muito tempo foi considerada como uma "coisa", propriedade do homem, do marido, do companheiro. O papel que lhe era reservado era "marcado pela submissão, fragilidade, dependência e crueldade no trabalho a que estivera exposta no século XIX e início do século XX".[153] A conscientização de seu efetivo valor faz parte de um processo lento, e por certo levará décadas.[154]

Acomodadas a essa situação, ainda hoje mulheres hesitam em sair de casa e enfrentar o mercado de trabalho. Entre permanecer nos limites de seu lar, sem maiores compromissos com o mundo, ou enfrentar um dia de trabalho fora de casa, significativa parcela feminina ainda opta pela primeira alternativa.

Muitas já obtiveram êxito na busca da igualdade entre os sexos. Outras ainda estão subjugadas aos homens por razões culturais, familiares, econômicas ou sociais. O Brasil é um país heterogêneo, com múltipla formação étnica e profundos contrastes culturais, sociais e econômicos e também de enorme dimensão continental, o que resulta em costumes e comportamentos diversificados. A mulher do sertão, dos pampas e das grandes metrópoles não têm nem o mesmo comportamento, nem os mesmos valores.

---

[152] COSTA, Maria Aracy Menezes da. Pensão alimentícia entre cônjuges e o conceito de necessidade. *Revista da AJURIS*, Porto Alegre: Ajuris, v. 27, n. 85, t. 1, p. 424, mar. 2002.

[153] AZAMBUJA, Maria Regina Fay de. Mulher: da submissão à liberdade. *Revista brasileira de direito das famílias e sucessões*, Porto Alegre; Belo Horizonte: Magister: IBDFAM, v. 10, n. 8, p. 53, fev./mar. 2009.

[154] "[...] O universo feminino é habitado pela idéia de ser sustentado por um homem. Embora essa idéia de sustento da mulher pelo homem começa a se modificar, alterando paulatinamente os ordenamentos jurídicos, levará, ainda, segundo a psicanalista Gilda Vaz Rodrigues, pelo menos três gerações para que esse fato se sedimente no inconsciente como cultural.". PEREIRA, Rodrigo da Cunha. *Direito de família*: uma abordagem psicanalítica. 2. ed., Belo Horizonte: Del Rey, 1999, p. 133.

Em nome da igualdade, vagas lhe são asseguradas nas empresas, estabelecendo-se uma verdadeira reserva de mercado a seu favor, não porque sejam mais capazes, mas simplesmente porque são mulheres.[155]

A efetiva e real igualdade de gênero, não raro, é tratada de forma equivocada na doutrina e até mesmo em Tribunais: ou tudo é negado para a mulher sob o argumento de que, afinal, ela é igual ao homem em direitos, ou tudo lhe é concedido porque ela já foi muito sacrificada, e este é o momento histórico de serem reparadas as "injustiças do passado". A discriminação, no entanto, mesmo se denominada "positiva", parece ir contra a disposição do artigo 5º, inciso I, da Constituição Federal, que dispõe respeito da igualdade entre todos os cidadãos, e entre homens ou mulheres.[156]

Ao se submeter à humilhante situação de dependência, de *coisificação*, a mulher que assim age está, ela mesmo, abrindo mão de sua própria dignidade, situação que se agrava quando ela é aban-

---

[155] No Brasil, a questão das "quotas" se mostra bastante controvertida. "[...] as normas jurídicas existentes sobre a igualdade de tratamento, que têm por objeto a igualdade entre homens e mulheres e que visam a conceder direitos aos indivíduos, são insuficientes para eliminar toda a forma de desigualdade de fato; se, paralelamente, algumas ações não forem tomadas por parte dos governos e de certas organizações visando a compensar os efeitos prejudiciais para as mulheres ativas e resultantes de atitudes, de comportamentos sociais e de estruturas da sociedade, ficará difícil reverter a situação de hipossuficiência do sexo feminino.". ZANETTI, Robson. A discriminação positiva em favor das mulheres. *Justiça do direito*. Passo Fundo: Universidade de Passo Fundo, v. 14, n. 14, p. 130, 2000. Contrário às quotas: "Deve ser ressaltado que às políticas de quotas são apresentadas diversas críticas. Argumenta-se, sobremodo, que tal espécie de discriminação positiva iria contra o mérito ou esforço individual. [...] Sem dúvida, a precisa medida dos planos e programas visando à ação afirmativa se manifestam num contexto de razoabilidade, com o intuito de concretizar o mandamento constitucional, uma vez que qualquer excesso acaba por representar violação à própria ordem constitucional." EMILIANO, Eurípedes de Oliveira. *As ações afirmativas e a concretização do valor constitucional da igualdade*. Disponível em: <http://jus2.uol.com.br/doutrina/texto.asp?id=11296>. Acesso em: 7 de março de 2011.

[156] Art. 5º: "Todos são iguais perante a lei, sem distinção de qualquer natureza, garantindo-se aos brasileiros e aos estrangeiros residentes no País a inviolabilidade do direito à vida, à liberdade, à igualdade, à segurança e à propriedade, nos termos seguintes: I – homens e mulheres são iguais em direitos e obrigações, nos termos desta Constituição.". BRASIL. Constituição. *Constituição da República Federativa do Brasil de 1988*. Disponível em: <http://www.planalto.gov.br/ccivil_03/constituicao/constitui%C3%A7ao.htm>. Acesso em: 18 de março de 2011.

donada pelo marido, "trocada por outra", desprezada. Então, já esquecida da dignidade pisoteada no passado, não hesita em lançar mão de todos os meios a seu alcance para atingir o homem causador de sua desgraça. E a vingança é materializada com o pedido de alimentos contra o homem que a abandonou. Se tem filho com esse homem, a situação se torna mais fácil para ela, que se vale do nome do filho, utiliza o filho, seja contra o pai, seja contra os avós paternos. Elenca necessidades que não são reais, exagera no rol para encobrir e suprir as *suas* próprias necessidades; vale-se da representatividade legal decorrente da guarda do filho, usa de má-fé e abusa do direito que a lei lhe concede, litigando sob o nome do filho para buscar sustento para si própria, ou simplesmente tentando agredir a família do homem que a abandonou. Transcende sua própria pessoa, vai além, numa manifestação de *transpessoalidade* na busca da pretensão alimentaria.

A situação não é generalizada, mas ocorre. Comumente não é objeto de análise, talvez porque a crítica se mostra *politicamente incorreta*, "socialmente inaceitável", porque não seria de "bom tom" censurar a mulher, tão inferiorizada e discriminada por séculos. A censura ao simulado comportamento feminino provoca situações constrangedoras para quem tem a ousadia de se expor. Mas, se existente tal situação, merece um enfrentamento, um estudo, uma crítica, com a participação de áreas afins, como a Psicologia, a Psiquiatria e a Sociologia, para um verdadeiro trabalho interdisciplinar visando ao bem da família.

As exceções a um comportamento positivo socialmente esperado não devem levar, no entanto, ao estereótipo da figura feminina, pois paralelamente às mulheres que *preferem* ser sustentadas toda uma vida por ex-maridos, ao lado das que transferem seus rancores para a família do "ex", existem as trabalhadoras, lutadoras, guerreiras, que honram e dignificam o gênero feminino, e conseguem lidar com o fim da relação sem atingir a ligação entre avós e netos.

2.2.2. A monoparentalidade

A Lei do Divórcio, em 1977, propiciou novo casamento, e a consequente possibilidade de a concubina resgatar sua dignidade, assumindo o papel de esposa tanto de fato como de Direito; a

Constituição Federal de 1988 legitimou a família constituída pela união livre, referendando a *dignidade* à companheira, ampliando e alterando a própria concepção de família.

Também nas modificações constitucionais foi recepcionado o fenômeno social de agrupamentos familiares formados por um dos ascendentes e seus descendentes, sem necessidade de haver um par. O artigo 226, § 4º, da Constituição Federal estabeleceu: "entende-se, também, como entidade familiar, a comunidade formada por qualquer dos pais e seus descendentes.".

Conforme Eduardo de Oliveira Leite,[157] o aspecto econômico é que vai determinar a permanência ou a instabilidade da união, quando o fator econômico ocupa lugar importante ou decisivo na relação entre homem e mulher. Onde há efetiva manutenção da mulher e dos filhos, o "provedor" tende a se firmar na posição de "marido" e "chefe". Se não existe ou é insuficiente a mantença, o risco de o homem ser substituído por outro "provedor" melhor do que ele aumenta na proporção do não preenchimento do papel que lhe é atribuído pela comunidade.

A monoparentalidade se relaciona principalmente a mães solteiras, ou, excepcionalmente, a pais, que pretendem assumir, sozinhos, sua maternidade ou paternidade; também a divorciados, separados, viúvos, filhos sem pai. Tudo o que nega as situações de normalidade previstas pelo Código Civil ao se referir à família "legítima" leva à monoparentalidade.[158] Também resulta do abandono do lar pelo marido, que deixa mulher e filhos à míngua e desaparece.

A monoparentalidade impulsiona as mulheres que não contam com um homem como provedor – marido ou companheiro – a se engajarem na força de trabalho, pois precisam elas, então, sustentar seus descendentes. O problema de ordem econômica que decorre dessa situação é grave. As mulheres, abandonadas pelos pais de seus filhos, são tomadas de surpresa pela nova realidade. Até então, ficavam *no lar*, sem qualquer qualificação para o trabalho, cuidando das lides domésticas, lavando as roupas, limpando

---

[157] LEITE, Eduardo de Oliveira. *famílias monoparentais...*, p. 147.
[158] LEITE, Eduardo de Oliveira. *famílias monoparentais...*, p. 20.

a casa e *guardando*[159] pela situação moral e administrativa da família, como *auxiliar* do *chefe*[160] da sociedade conjugal. As mulheres que pertencem a classes menos favorecidas economicamente costumam executar elas próprias as tarefas caseiras, e as mais privilegiadas economicamente têm à sua disposição empregadas domésticas, cujo salário é pago pelo marido "provedor".

Da composição da família monoparental decorrem muitos problemas jurídicos, como pedido de alimentos, regulamentação de visitas, disputa pela guarda de filhos.

Nas categorias sociais mais esclarecidas, com nível cultural mais elevado, a tendência da mulher que termina uma relação afetiva é ficar só e sustentar ela mesma a sua família, dispensando a presença do pai do filho. Conforme dados fornecidos pelo DIEESE,[161] em 1995, 22,9% dos chefes de família eram mulheres, e 77,1%, homens. Em 1999, o percentual feminino aumentou para 26%, contra 74% de chefes de família homens.

Na maioria das situações de separação, os pais deixam de desempenhar o papel que exercem até aquele momento: pagam aos filhos uma pensão alimentícia e entendem assim estar cumprindo sua obrigação paterna, desligando-se de qualquer outro comprometimento emocional. E, muitas vezes, sequer os alimentos alcançam.

No celibato maternal, conforme Eduardo de Oliveira Leite,[162] existe uma graduação tipológica na opção monoparental, com quatro categorias distintas:

a) as "mulheres planejadoras": planejam todos os detalhes desde antes do nascimento do filho. Optam pela maternidade solitária por várias razões: desejo biológico, intenção de guardar lem-

---

[159] Conforme determinava o art. 240 do Código Civil de 1916, no Capítulo que trata dos direitos e deveres da mulher: "A mulher, com o casamento, assume a condição de companheira, consorte e *colaboradora* do marido nos encargos de família, cumprindo-lhe *velar* pela direção material e moral desta." (Grifo da autora).

[160] Nos termos do art. 233 do Código Civil, "O marido é o *chefe* da sociedade conjugal, função que exerce com a *colaboração* da mulher, no interesse comum do casal e dos filhos." (Grifo da Autora).

[161] BOLETIM DIEESE, São Paulo: Departamento Intersindical de Estatística e Estudos Socioeconômicos, n. especial dia internacional da mulher, mar. 2001, p. 2.

[162] LEITE, Eduardo de Oliveira. *famílias monoparentais*..., p. 76-79.

brança do homem amado, ou compensação da perda de um amor perdido;

b) as "monoparentais em potencial": mesmo casadas, já evidenciavam comportamento de monoparentalidade. Compõem-se por separados, divorciados ou viúvos e mães divorciadas, que só não ficaram mães solteiras em respeito às convenções sociais;

c) as "idealistas": vivem a "paixão" mesmo que destrutiva, e vivem o filho como mera consequência da paixão;

d) as "vítimas": viúvas, separadas, divorciadas ou solteiras – queriam ser dois para criar os filhos, mas as circunstâncias as levaram a ficar sozinhas. As abandonadas se incluem nessa categoria, pois deixadas à própria sorte, não apenas elas, mas os filhos também.

As mulheres lideram a maioria das famílias monoparentais. A situação ocasiona problemas de ordem psicológica e de ordem econômica, o que leva, com frequência, à procura do pai, para colaborar economicamente. O pai da criança, geralmente, não responde a essa busca de forma voluntária, resultando daí os litígios judiciais na área alimentária: ações de alimentos, majorações, execuções, revisões de cláusulas. O grau de escusa e omissão afetiva paterna chega ao ponto de o pai reivindicar a guarda do filho somente para não ser compelido ao pagamento mensal de alimentos.

Na relação monoparental, pode não haver "troca" de afeto, mas direcionamento único. Nesse caso, o filho é compelido pela própria mãe a uma disponibilidade e dependência penosa e abusiva em relação a ela. O relacionamento afetivo mãe-filho é insuficiente. A monoparentalidade feminina gera solidão física e psíquica. Com isso, a vida sexual da mulher pode até ficar anulada, ou porque se estabelece uma dependência afetiva exagerada da mãe para com o filho e vice-versa, ou porque a sexualidade da mulher, como defesa, passa a ocupar um espaço de menor importância.[163]

---

[163] LEITE, Eduardo de Oliveira. *famílias monoparentais...*, *passim*. Nessa obra, que serviu de referência ao desenvolvimento do tópico em questão, o Autor faz detalhada e corajosa abordagem da monoparentalidade, suas causas e efeitos.

A monoparentalidade leva as mulheres que não têm a seu lado um marido ou companheiro a se lançar em mercado de trabalho para sustentar os filhos.[164]

Porém, quando a mulher não quer ou não pode trabalhar, pede para o pai dos filhos, ou, em nome do filho, para os avós. O problema de ordem econômica que decorre dessa situação é danoso. Quando abandonadas pelos pais de seus filhos, essas mulheres são tomadas de surpresa pela nova realidade; até então, ficavam *no lar*, sem qualquer qualificação para o trabalho, cuidando das lides domésticas, lavando as roupas, limpando a casa e *guardando*[165] pela situação moral e administrativa da família, como *auxiliar* do *chefe*[166] da sociedade conjugal.

Termina a relação. Termina o amor. Mas, como diz Turkenicz:

> Ficam os restos da paixão. E não há nenhuma boa razão para desprezar o poder que estes restos têm. Até porque as novas relações que eventualmente aconteçam o farão sobre os restos desta. Assim como esta também ocorre sobre os restos conservados/transformados das que a precederam. Não há ausência de história. Será um desafio à sanidade mental do ex-apaixonado conseguir encontrar um destino para estes restos que não seja usá-los exclusivamente como seu instrumento de tortura.[167]

O Direito, sozinho, não basta para ajudar a resolver questões que envolvem emoções, coração, paixões. Os juízes se valem hoje do auxílio dos profissionais das áreas de Psicologia, Sociologia e Psiquiatria para a elaboração de avaliações e laudos periciais[168]

---

[164] LEITE, Eduardo de Oliveira. *famílias monoparentais*: a situação jurídica de pais e mães solteiros, de pais e mães separados e dos filhos na ruptura da vida conjugal. 2. ed. São Paulo: Revista dos Tribunais, 2003.

[165] Conforme determinava o art. 240 do Código Civil de 1916, no Capítulo que trata dos direitos e deveres da mulher: "A mulher, com o casamento, assume a condição de companheira, consorte e *colaboradora* do marido nos encargos de família, cumprindo-lhe *velar* pela direção material e moral desta." (Grifo da autora).

[166] Nos termos do art. 233 do Código Civil de 1916, "o marido é o *chefe* da sociedade conjugal, função que exerce com a *colaboração* da mulher, no interesse comum do casal e dos filhos." (Grifo da Autora).

[167] TURKENICZ, Abraham. *A aventura do casal*. Porto Alegre: Artes Médicas, 1995, p. 42.

[168] ESTATUTO DA CRIANÇA E DO ADOLESCENTE. GUARDA. REQUERIMENTO FORMULADO PELA AVÓ PATERNA. Laudo médico realizado quando do atendimento das crianças em nosocômio da capital que apontou indícios de violência física e sexual. Estudo social e depoimento dos infantes em audiência

que passam a fundamentar as decisões judiciais.[169] Não se exige do magistrado o conhecimento específico nessas áreas, mas sim a necessária sensibilidade para se valer do auxílio de profissionais técnicos competentes.

Com muita frequência, os filhos são usados para ações judiciais por meio das quais supostamente serão defendidos seus interesses.[170] Alimentos, guarda e visitação são questões jurídicas que somente podem ser tratadas adequadamente se levados em conta

---

que afastam tal circunstância. Necessidade de apuração mais detalhada, mediante a realização de perícia psiquiátrica e psicológica, além de acompanhamento semanal na residência das crianças e de seus genitores. Laudo da assistente social que não pode servir como única prova a afastar os indícios de violência atestados por médica pediatra. Carência probatória. Supremacia do interesse das crianças envolvidas que autorizam a realização de novas provas. Sentença desconstituída. Apelação prejudicada. (segredo de justiça) (Apelação Cível nº 70028920957, Sétima Câmara Cível, Tribunal de Justiça do RS, Relator Des. José Conrado de Souza Júnior, julgado em 29/04/2009).
APELAÇÃO. ECA. FORNECIMENTO DE ALIMENTAÇÃO ESPECIAL. FRALDAS DESCARTÁVEIS. NULIDADE DA SENTENÇA. CERCEAMENTO DE DEFESA. REALIZAÇÃO DE PROVA PERICIAL. CABIMENTO. DESCONSTITUIÇÃO DA SENTENÇA. Realização de perícia médica. Merece provimento o agravo retido interposto pelo Estado pleiteando a realização de prova pericial pelo Departamento Médico Judiciário. Caso em que a produção da perícia não acarreta nenhum prejuízo ao menor, tendo em vista que ele já vem recebendo alimentação especial e as fraldas descartáveis pleiteadas, por conta do deferimento de pedido liminar. Caso concreto. Fornecimento de alimentação especial SUSTAGEM e MUCILON, bem como de FRALDAS DESCARTÁVEIS, nas quantidades receitadas, enquanto perdurar a patologia. PARALISIA CEREBRAL (CID G 80) e DESNUTRIÇÃO GRAVE (CID E 43), conforme laudo médico. DERAM PROVIMENTO. (Apelação Cível nº 70039689500, Oitava Câmara Cível, Tribunal de Justiça do RS, Relator Rui Portanova, Julgado em 09/12/2010)

[169] AGRAVO DE INSTRUMENTO. AÇÃO DE SEPARAÇÃO JUDICIAL LITIGIOSA. GUARDA DE MENOR E SUSTAÇÃO DE VISITAÇÃO MATERNA. INVIABILIDADE, enquanto não evidenciado o efetivo risco à criança. Determinação de perícia psicológica, cujo resultado deve ser aguardado. Preliminar rejeitada e recurso desprovido. (Agravo de Instrumento nº 70029960044, Sétima Câmara Cível, Tribunal de Justiça do RS, Relator Des. Ricardo Raupp Ruschel, Julgado em 22/07/2009).

[170] MOTTA, Maria Antonieta Pisano. Além dos fatos e relatos: uma visão psicanalítica do direito de família. In: PEREIRA, Rodrigo da Cunha (Coord.). *A família na travessia do milênio*: Anais do II Congresso Brasileiro de Direito de Família. Belo Horizonte: Del Rey, 2000, p. 51.

os fatores emocionais nelas envolvidos.[171] Mais além da figura do pai, estão situados os avós.

2.2.3. Motivações afetivas

São várias as motivações que levam ao pedido de alimentos, entre elas, e com muito destaque, a motivação afetiva.

As uniões em seu início são movidas pelo amor. Eduardo de Oliveira Leite sustenta que "quando a discussão 'jurídico' gira em torno das figuras marido e mulher, pais e filhos, ou simplesmente filhos, são as imagens do amor, do afeto e do sentimento que se sobrepõem em detrimento de todas as demais considerações".[172] Ressalta que no Direito de Família, além dos aspectos jurídicos propriamente ditos, estão sempre presentes as dimensões axiológicas, sociológicas, fisiológicas e éticas. A realidade humana é dimensionada principalmente e basicamente a partir de uma dose profunda de sensibilidade.

Em pactos e negócios realizados na área de Família, é o subjetivo que dita o comportamento, diferentemente dos outros "contra-

---

[171] DIREITO DE VISITAS. PAI. ACUSAÇÃO DE ABUSO SEXUAL. REGULAMENTAÇÃO. 1. Como decorrência do poder familiar, o pai não guardião tem o direito de avistar-se com a filha, acompanhando-lhe a educação, estabelecendo com ela um vínculo afetivo saudável. 2. A mera suspeita de abuso sexual não pode impedir o contato entre pai e filha, mormente quando essa suspeita não foi comprovada, após a realização de perícia psiquiátrica e avaliação psicológica. 3. As visitas devem ser fixadas quinzenalmente, e de forma supervisionada, com o propósito de assegurar a efetiva proteção à criança. Recurso provido em parte. (SEGREDO DE JUSTIÇA) (Agravo de Instrumento nº 70022872469, Sétima Câmara Cível, Tribunal de Justiça do RS, Relator: Sérgio Fernando de Vasconcellos Chaves, Julgado em 25/06/2008).
APELAÇÃO. REGULAMENTAÇÃO DE VISITAS PATERNAS. RETOMADA IMEDIATA. CABIMENTO. Não ficou comprovado o alegado abuso sexual perpetrado pelo pai contra a filha, e nem outra circunstância a indicar seja prejudicial à menor a retomada imediata das visitas paternas. Por isso, é viável que a visitação seja retomada imediatamente, com a supervisão do NAF – e não apenas quando a menina completar 12 anos de idade. DERAM PROVIMENTO. (Apelação Cível nº 70038014239, Oitava Câmara Cível, Tribunal de Justiça do RS, Relator Des. Rui Portanova, Julgado em 14/10/2010)

[172] LEITE, Eduardo de Oliveira. Os alimentos e o novo texto constitucional. In: PEREIRA, Rodrigo da Cunha (Org.). *Direito de família contemporâneo*. Belo Horizonte: Del Rey, 1997, p. 696.

tos" em que as expectativas estão mais claras e melhor expressas.[173] As questões patrimoniais na separação são de difícil composição, e os filhos muitas vezes são usados para o casal se atacar mutuamente.[174]

Cada um dos separados quer ser indenizado pelo prejuízo sofrido em nome do amor que acabou, e assim o dinheiro assume significações simbólicas, sendo ao mesmo tempo prêmio e castigo. O patrimônio deixa de ter seu sentido econômico, para representar perdas emocionais e luto pelo afeto que se foi.

No término da relação do casal, a guarda dos filhos geralmente fica com a mãe. Não se trata de regra absoluta, principalmente nos dias de hoje. Pela própria formação tradicional das famílias, os homens não costumavam lutar pela guarda dos filhos, concordando desde logo que ficassem com a mulher, mas a situação está modificando seus contornos.[175] Mas, mesmo assim, ainda prepondera significativamente a guarda materna sobre a paterna.

Seguidamente o homem reivindica a guarda do filho, buscando tirá-lo da casa materna ou porque a ex-mulher voltou a casar, ou porque ele quer se livrar do encargo da pensão de alimentos para o filho. No primeiro caso, vê-se agredido em sua condição de "posseiro" da mulher e do filho: não suporta outro homem convi-

---

[173] Comenta Rolf Madaleno que "curioso constatar que todo o decantado respeito constitucional à intimidade do cônjuge e à sua dignidade no seio da sua sociedade familiar desloca-se com facilidade para o terreno da amargura, da censura pessoal e até mesmo da humilhação, quando se trata de buscar em juízo o decreto oficial de uma união desmoronada.". MADALENO, Rolf. *Novas perspectivas no direito de família*. Porto Alegre: Livraria do Advogado, 2000, p. 31.

[174] MOTTA, Maria Antonieta Pisano. Além dos fatos e relatos..., p. 39-52.

[175] ECA. GUARDA. ALTERAÇÃO. CABIMENTO. 1. Em regra, as alterações de guarda são prejudiciais para a criança, devendo ser mantido o infante onde se encontra melhor cuidado. 2. É o interesse da criança é que deve ser protegido e privilegiado. 3. A alteração de guarda reclama a máxima cautela por ser fato em si mesmo traumático, somente se justificando quando provada situação de risco atual ou iminente, o que ocorre na espécie, devendo prevalecer o interesse do infante sobre todos os demais. 4. Se o infante estava em situação de risco com a sua genitora, tendo desatendidas as suas necessidades, era imperiosa mesmo a alteração da guarda. 5. Se o genitor vem cuidando do filho e prestando-lhe todo o atendimento necessário, e o filho tem forte vínculo afetivo com o pai, correta a sentença que deferiu a guarda ao genitor. Recurso desprovido. (Apelação Cível nº 70037435781, Sétima Câmara Cível, Tribunal de Justiça do RS, Relator: Des. Sérgio Fernando de Vasconcellos Chaves, Julgado em 20/10/2010)

vendo com a *sua* mulher e o *seu* filho! No segundo, não há nenhum interesse afetivo pelo filho, somente o objetivo de se livrar do pagamento de alimentos.

Por outro lado, existem situações em que a mulher toma a iniciativa de vingança por causa do comportamento do marido. Nesse caso, se a separação foi proposta pelo homem, a mulher "perde" o marido, mas fica com um trunfo nas mãos: o filho, um pedaço do marido, um prolongamento dele, objeto de seu amor e seu ódio; "[...] uma parte predominante do outro, depreciado e temido".[176]

E esse filho será o seu instrumento, sua arma, seu escudo, o pretexto utilizado para que ela possa falar, lutar, agredir – tudo por intermédio do filho.[177]

2.2.4. Evidências da transpessoalidade

A transpessoalidade é uma máscara, um disfarce, um engano. Usando a pessoa, o nome e a representatividade do filho, a mulher transcende a sua própria individualidade e ultrapassa a individualidade do filho para chegar até o objeto de seu desejo e ódio: o homem que a abandonou, que a trocou por outra; o pai do seu filho. Não é o filho quem quer: é ela; Não é o filho quem pede: é ela. A criança, nem sequer suspeita o que está acontecendo entre os pais, e muito menos sem consentir, emprestará compulsoriamente seu nome para a mãe litigar em ação de alimentos, seja contra o pai, seja contra os avós paternos. A criança pouco ou nada quer do pai, e não necessita de todos os bens materiais que a mãe descreveu como sendo suas necessidades. O de que necessita mais que tudo é o amor do pai. Sem querer, e muitas vezes sem necessitar, o filho se torna o polo ativo do litígio, utilizado como instrumento de vingança da mãe. A mulher tomará todas as medidas judiciais em nome do filho, extrapolando o poder de representação que a lei lhe concede.

---

[176] DIAS, Maria Berenice; SOUZA, Ivone M. C. Coelho de. Separação litigiosa, na "esquina" do direito com a psicanálise. *Revista da AJURIS*, Porto Alegre: Associação dos Juízes do Rio Grande do Sul, v. 26, n. 76, p. 234, dez. 1999.

[177] "O desamor está presente no final do casamento e parece estender-se aos filhos, quando eles se transformam em um e talvez no principal elemento de disputa entre os cônjuges. [...] Triste constatar que as armas mais poderosas e quase sempre à mão são os filhos, bem maior do casal e única razão que o obrigará a conviver no mínimo decentemente até o resto de seus dias.". MOTTA, Maria Antonieta Pisano. Além dos fatos e relatos..., p. 47, 49.

Em situações dessa espécie, a mãe instiga o filho contra o pai, sob a falsa afirmação de que o pai não o ama, não se interessa mais por ele. Ou os avós não o amam. Quer levar o filho a acreditar que apenas ela, a mãe, sente verdadeiro amor por ele, apesar de abandonada, desprezada pelo homem que "trocou sua família por outra – outra mulher e outra família". O filho é utilizado como mero instrumento de vingança da mãe para atingir o ex-marido, o ex-companheiro ou o ex-amante porque aquele homem negou a ela o amor, a companhia e talvez também o sustento. E se inicia uma luta mascarada e desigual, na qual a criança se transforma, ao mesmo tempo, em arma e escudo. A mulher quer purgar suas mágoas, e o filho, que deveria ser preservado, mantido fora da questão pessoal dos pais, se torna a verdadeira vítima na guerra deflagrada.

Em seu ódio, a mãe incita o filho contra o pai.[178] Quer convencer a si própria e aos outros que todos os seus atos se justificam porque visa ao bem do filho. No entanto, suas atitudes provocam apenas sofrimento e mágoa na criança, que seria muito mais feliz se a mãe lhe permitisse viver harmoniosamente com o pai que ela ama, com os avós que adora.

Cega com o fim da paixão, a mulher se aproveita de uma possibilidade jurídica em decorrência de sua maternidade, de sua representatividade legal, e se utiliza de uma situação, como uma demanda alimentar contra o pai de seu filho, que enseja o exercício da sua vingança pessoal, ultrapassando os limites dos seus próprios direitos, e ferindo direitos do filho, do pai e dos avós.[179]

---

[178] "A presença das representações mentais, das fantasias, de nosso mundo interno no vínculo de um casal é marcada e inegável. O nível fantasmático se apresenta na construção do outro como bom ou mau, de acordo com as fantasias vigentes no aparelho psíquico de cada um. [...] Nivel fantasmático que é abandonado [...] quando fortalecemos a mãe que impede a visitação e que incita os filhos contra o pai, denegrindo-o, alegando racionalizações que dificilmente ocultam seu rancor e ódio por ter-se sentido abandonada.". MOTTA, Maria Antonieta Pisano. Além dos fatos e relatos..., p. 49-50.

[179] "[...] As justificativas racionais ou legais utilizadas para sustentar sua aplicação ocultam outras motivações, freqüentemente de cunho emocional, sejam elas conscientes ou inconscientes, mas que pouco dizem respeito aos filhos ou à defesa de seus interesses e que se refere muito mais aos pais e aos problemas relativos a conflitos conjugais não resolvidos.". MOTTA, Maria Antonieta Pisano. Além dos fatos e relatos..., p. 50-51.

Existe estreita relação entre o Direito e a Psicanálise.[180] A parte somente recorre ao Judiciário quando o vínculo afetivo se desfaz. A disputa pela guarda dos filhos e a ação de alimentos contra os avós podem ser usados como objeto de vingança. Cada qual dos componentes do par busca provar a sua verdade, negando sua própria culpa e atribuindo ao outro a responsabilidade pelo fim da relação, pelo sonho desfeito, pela perda do objeto amoroso. Cada um busca sua absolvição, ansiando pela proclamação judicial de sua inocência. Cada qual quer o reconhecimento da responsabilidade do outro pelo fim da relação, e que lhe seja imposta uma sanção. Os fatos concretos não são levados ao Judiciário, mas sim a versão de cada um, impregnada de emotividade, o que dificulta a percepção da realidade; "[...] são os restos do amor que são levados ao Judiciário".[181]

2.2.5. Motivações econômicas

Alem das motivações afetivas, também as motivações econômicas levam à demanda alimentar. Algumas vezes, é a real necessidade; em outras, pura ficção!

Muitas vezes, utilizando-se da demanda de alimentos, valendo-se do filho como autor, cujo nome usa indevidamente, a mulher visa à melhora de sua própria situação econômica. Se o filho necessita de dois salários mínimos para sua mantença, ela reivindica quatro. Se a criança tem necessidade de cinco, ela insiste em dez. Não pensa no filho, nem defende os interesses dele. Seu objetivo maior é preservar a sua própria situação financeira e econômica. Procura para si, naquele momento, a segurança do futuro.[182]

---

[180] DIAS, Maria Berenice; SOUZA, Ivone M. C. Coelho de. Separação litigiosa..., p. 233-237.

[181] DIAS, Maria Berenice; SOUZA, Ivone M. C. Coelho de. Separação litigiosa..., p. 235.

[182] "ALIMENTOS. ADEQUAÇÃO DO QUANTUM. Os alimentos devem assegurar o sustento da filha atendendo-lhe as suas efetivas necessidades, dentro das possibilidades do pai, observadas as condições socioeconômicas deste. Não se pode ignorar que filho não é sócio do pai, nem a mãe é sócia da filha e que compete a ambos os pais o dever de garantir o sustento da prole, não sendo dado à mãe, por osmose, usufruir da pensão alimentícia. Recurso provido em parte." (7ª Câm. Cív. TJRS, AC 598 523 207, Rel. Des. Sérgio Fernando de Vasconcellos Chaves, julg. 24/3/99).

Eduardo de Oliveira Leite[183] ensina que a inclusão de itens que não fazem realmente parte do quotidiano do credor, como TV a cabo, despesas com computação, escola de dança, de natação, ginástica, equitação, quase sempre é feita com vistas a acrescer o valor da dívida alimentar, numa manobra simulatória negada pela realidade do quotidiano da parte. Comprovado que o filho não gasta o valor pedido, a condenação em alimentos em valor exacerbado mais se aproxima de uma sanção de ordem civil do que concessão de alimentos pelo caráter de necessidade. Afirma o Professor Leite que essa situação só pode conduzir ao parasitismo e à ergofobia.[184]

Quando a criança ou o adolescente são autores de uma ação de alimentos, como seus interesses se sobrepõem de forma absoluta aos interesses dos demais, o sistema jurídico, de uma forma geral, e o Judiciário, de forma especial, se põem em alerta para a proteção dos direitos dos incapazes. E visando à proteção do Autor-menor, o sistema jurídico é induzido a erro, ludibriado pela pessoa que exerce de forma inadequada a representatividade do filho.

A mulher que a isso se submete se vale de sua histórica posição de inferioridade, traz à tona o jugo que se perpetuou durante séculos, e como que para se libertar, como que para vindicar os direitos que anteriormente a história e o Direito lhe negaram, ultrapassa os limites do justo, do moral e do legal. Excede o exercício de sua legítima defesa, assumindo posição de ataque.

Para evitar situações de flagrante injustiça, deve-se averiguar até que ponto estão postas as verdadeiras necessidades da mulher que busca alimentos; em que consiste a *necessidade* alegada – dela ou do filho que representa – e onde estão os limites de sua representação legal.[185]

---

[183] LEITE, Eduardo de Oliveira. O *quantum* da pensão alimentícia. In: COUTO, Sergio (Coord.). *Nova realidade do direito de família*: doutrina, jurisprudência, visão interdisciplinar, noticiário. Rio de Janeiro: Coad, 1999. v. 2, p. 16-17.

[184] LEITE, Eduardo de Oliveira. O *quantum* da pensão..., p. 16-17.

[185] O *abuso do direito* na pretensão de alimentos deduzida em juízo pela representante do menor merece indubitavelmente um estudo detalhado e aprofundado, o que a presente obra não comporta.

Acórdão do Tribunal de Justiça do Rio de Janeiro,[186] anterior ao Código Civil brasileiro vigente, condenou os avós ao pagamento de 50 salários mínimos mensais[187] – foram pleiteados 100 salários mínimos na inicial, pois já tinham acostumado os netos a padrão elevado de vida, uma vez que os pais, antes do rompimento, eram sustentados pelos avós, que, proviam a mantença de filho, nora e netos, inclusive lhes fornecendo moradia. E o Tribunal, ao acolher parcialmente o pedido, e concedendo "apenas" 50 salários mínimos, justificou ainda a "moderação" do *quantum* concedido porque "não pode chegar ao exagero, sob pena de terminar-se com o fornecimento indireto dos alimentos à mãe dos apelados, proporcionando-lhe um padrão de vida ao qual os apelantes não estão de forma alguma obrigados a garantir-lhes".

O voto vencido defendia 20 salários mínimos, com a seguinte fundamentação:

> Verifica-se que os menores tinham padrão de vida muito mais elevado do que levam hoje, após a separação de seus pais. Ressalta-se, por outro lado, que o imóvel em que residiam, por favor dos avós paternos, foi retomado pelos mesmos. [...] A ilustre Juíza a quo, ao que tudo indica, impressionou-se com a fortuna dos avós paternos para a fixação dos alimentos, esquecendo-se de dois pontos fundamentais: a) os filhos devem viver dentro do padrão de vida de seus pais e não de seus avós; b) no caso em tela, os alimentos têm caráter de complementação dos alimentos já pagos pelo genitor.O padrão proporcionado aos credores dos alimentos pelo pai, quando com eles convivia, deve ser mantido. Não é, no entanto, o padrão de vida que os avós podem momentaneamente fornecer-lhes que deve servir de parâmetro para a fixação dos alimentos.Nas bases fixadas os alimentos são, a nosso sentir, data venia, um verdadeiro incentivo ao ócio. Por tais circunstâncias, o provimento do recurso para reduzir a pensão alimentícia complementar para 20 (vinte) salários mínimos.

---

[186] Eduardo de Oliveira Leite comenta essa decisão em sua obra: LEITE, Eduardo de Oliveira. *Prestação alimentícia...*, p. 81. Em pesquisa para este livro, a autora acessou a íntegra do julgamento, chamando-lhe a atenção que se encontram na decisão manifestações explícitas da linha de pensamento totalmente contrária aos avós, constatando-se a transpessoalidade, atribuição excessiva de responsabilidade avoenga, concessão de nível de vida não compatível com os pais, mas pelo padrão dos avós.

[187] Ementa: Se os pais, por si, se revelam carecedores de recursos para alimentarem os filhos menores impúberes, podem estes exigir complementação dos avós, pessoas, no caso, de grande fortuna e que, antes da ruptura do relacionamento dos pais dos alimentandos, a estes últimos verdadeiramente sustentavam, inclusive com o fornecimento de moradia RT, 747: 385.

Não resta dúvida de que cinquenta salários mínimos constituem, sim, uma demasia, considerando que se trata de alimentos a serem satisfeitos por ascendentes de segundo grau, os avós, e não pelo pai ou pela mãe, esses sim com a responsabilidade ilimitada para com seus filhos. Sabe-se que é comum nas lides forenses, notadamente em questões alimentares, que os pedidos iniciais sejam postos muito além das verdadeiras necessidades apuradas dos autores, que pretendem que, ao final, o julgador, exercendo um critério de "moderação" e "justa medida" os reduza consideravelmente e chegue no patamar que verdadeiramente pretendiam – o que efetivamente deveria ser o pedido da inicial. Assim, os "100" salários mínimos, reduzidos pela metade, se constituem em evidente exagero.

A decisão comentada evidencia uma postura totalmente protetiva e dissociada da realidade. Se os pais não podem proporcionar um padrão de vida elevado para os seus filhos, estes devem se acostumar ao nível que a sua realidade familiar lhes oferece. Os avós, além de terem sustentado a nova família de seu filho, com nora e netos, por vontade própria, sem terem qualquer obrigação legal para tanto, mas tão somente por um sentimento de liberalidade afetiva extracontratual, viram-se compelidos judicialmente a exercer o papel de provedores não somente dos netos, mas da nora, pois 50 salários mínimos com certeza irão garantir um padrão de vida muito além do absolutamente indispensável para uma família de classe média.

2.3. Os elementos identificadores do dever de socorro

Existe uma distinção entre os alimentos prestados como socorro, os alimentos alcançados a título de dever e os alimentos decorrentes de obrigação extracontratual, sendo possível identificar os elementos diferenciadores de cada uma dessas hipóteses.

Durante a sociedade conjugal, não se cogita na prestação de alimentos, eis que o casal tem a obrigação recíproca de prover o sustento da família. Com o término da convivência, o *dever de sustento* assume nova feição, materializando-se na prestação de alimentos, quando prevalecem os *deveres de sustento, assistência e socorro* originários do casamento.

Para os esposos, o dever de *ajuda* consiste na obrigação que tem cada um de proporcionar ao cônjuge tudo que seja necessário para ele viver, sendo equivalente aos alimentos: trata-se de *obrigação de dar*. A *assistência* consiste nos cuidados pessoais que devem ser dados ao cônjuge enfermo, constituindo-se em *obrigação de fazer*. *Ajuda* não se confunde com *assistência*.[188]

Por ocasião do divórcio consensual, o acordo entre as partes assume as características contratuais do direito das obrigações, despindo-se do caráter alimentar propriamente dito. No entanto, o Direito de Família apresenta aspectos peculiares que o distinguem dos outros ramos do Direito, destacando-se a importância fundamental do elemento social, ético, e moral.[189] Conforme assinala Arnold Wald,[190] os direitos de família são exercidos menos nos interesses individual e egoístico de cada um dos membros do que em favor do interesse comum da família, superior à soma dos desejos individuais dos seus membros.[191]

Com o casamento, os cônjuges assumem as obrigações expressas na lei, entre as quais a "assistência recíproca", que não cessa com a separação judicial, pois o casal mantém o *vínculo* entre eles existente, de conformidade com o artigo 1.576[192] do Código Civil de 2002.[193] A Emenda Constitucional 66/2010 modificou o artigo 226 da Constituição Federal, suprimindo a exigência de tempo para o divórcio ali antes constante.[194] Discutem os juristas se a alteração resultou em disposição autoaplicável ou se necessita de regula-

---

[188] PLANYOL, Marcel; RIPERT, Georges. *Derecho Civil...*, p. 137.

[189] WALD, Arnold; FONSECA, Priscila M. Corrêa da. *Direito Civil*: Direito de Família. 17. ed. São Paulo: Saraiva, 2009. v. 5, p. 3.

[190] WALD, Arnold; FONSECA, Priscila M. Corrêa da. *Direito Civi ...* p. 4.

[191] Também Álvaro Villaça Azevedo afirma: "[...] podemos dizer, conceituando-o, que o casamento é um contrato solene, regulado por normas de ordem pública, no âmbito do Direito de Família [...]." AZEVEDO, Álvaro Villaça. *Estatuto da família de fato*. 2. ed. São Paulo: Atlas, 2002, p. 282.

[192] Constante anteriormente já na Lei do Divórcio, Lei nº 6.515/77, Art. 3º da: "A separação judicial põe termo aos deveres de coabitação, fidelidade recíproca e ao regime matrimonial de bens, como se o casamento fosse dissolvido."

[193] Art. 1.576. "A separação judicial põe termo aos deveres de coabitação e fidelidade recíproca e ao regime de bens.".

[194] Art. 1º. O § 6º do art. 226 da Constituição Federal passa a vigorar com a seguinte redação: "Art. 226. (...) § 6º O casamento civil pode ser dissolvido pelo divórcio.".

mentação. De qualquer maneira, o divórcio dissolve o vínculo, desaparecendo a obrigação de "assistência recíproca", que somente em circunstâncias próprias se mantém, como no acordo de alimentos, ou sentença condenatória anterior.[195]

Os alimentos se constituem em dever *de família*.[196]

A obrigação alimentar decorrente do *jus matrimonii*, que gera o dever de mantença de um dos cônjuges ou conviventes para com o outro, *após* a dissolução do casamento ou da união estável, é a continuidade de um direito protetivo da mulher.

Sustenta Orlando Gomes que não se deve confundir os conceitos de *obrigação de prestar alimentos* com *deveres familiares de sustento assistência e socorro*, como os que o marido tem em relação à mulher, e os pais para com os filhos menores. A obrigação de prestar alimentos *stricto sensu* é recíproca, depende das possibilidades do devedor e só se torna exigível se houver a necessidade do alimentado, sendo seus pressupostos diferentes daqueles que dizem com os "deveres familiares". O dever de sustento pelo marido adquire feição de *obrigação de alimento, embora irregular* quando a sociedade conjugal se dissolve pela separação. "No rigor dos princípios, não se configura, nesses casos, a obrigação propriamente dita, de prestar alimentos, mas, para certos efeitos, os deveres de sustento, assistência e socorro adquirem o mesmo caráter".[197]

Sergio Gischkow Pereira[198] comenta a posição de Orlando Gomes, acrescentando que a princípio no *dever de sustento de família*, previsto no artigo 1.566, inc. IV, do Código Civil, não existe a reciprocidade, nem a obrigação de ponderar a necessidade/possibilidade das partes, pois o filho menor de idade e mesmo o maior

---

[195] "[...] não será a pura e simples extinção do vínculo que impedirá a pretensão alimentar na hipótese de já existente a obrigação por ocasião da separação judicial, seja determinada por sentença, seja em virtude de acordo, quando então assume o caráter obrigacional contratual ou sentencial, motivo pelo qual prevalecerá, mesmo existindo o vínculo." COSTA, Maria Aracy Menezes da. A renúncia a alimentos no novo Código Civil: casamento e união estável. In: LEITE, Eduardo de Oliveira (coord). *Alimentos no novo código civil*: aspectos polêmicos. Rio de Janeiro: Forense, 2006, p. 150.

[196] GOMES, Orlando. *Direito de família...*, p. 428-437.

[197] GOMES, Orlando. *Direito de família...*, p. 428-429.

[198] PEREIRA, Sérgio Gischkow. *Ação de Alimentos*. 4. ed. Porto Alegre: Livraria do Advogado, 2007, p. 19.

enquanto em nível de escolaridade compatível com sua faixa etária, deve ser sustentado pelos pais. Destaca que a regra não é fechada porque poderá haver a hipótese de um filho menor de idade herdar uma fortuna, ficando mais rico que o pai, que então não está obrigado a sustentá-lo; ou então que os pais sejam doentes, e o filho menor já exerça atividade remunerada, estando ele em condições de auxiliar seus pais.

2.3.1. O Princípio da solidariedade

A regra matriz do *princípio da solidariedade* é o inciso I do artigo 3º da Constituição, no capítulo da Família, quando põe de forma incisiva o dever imposto à sociedade, ao Estado e à família para proteção do grupo familiar (art. 226), da criança e do adolescente, (art. 1.227) e do idoso (art. 230).[199] Pondera Paulo Lobo que, antes da Constituição de 88, a solidariedade era tida somente como dever moral, passando a partir da Carta Constitucional a ser considerada um princípio jurídico. A solidariedade em relação aos filhos corresponde aos cuidados até que atinjam a idade adulta, sendo dos pais o dever de manter, instruir e educar os filhos para sua plena formação social. O jurista estende o princípio da solidariedade também para a família, identificando o princípio no artigo 1.694 do Código Civil quando dispõe sobre o dever alimentar de parentes, cônjuges e companheiros.[200] Dessa forma, os avós estão aí incluídos.

Como extensão do princípio da solidariedade, estudos no Brasil tratam do cuidado como valor jurídico. Heloísa Helena Barboza afirma que "tanto ou mais importante que a solidariedade, o cuidado emerge como valor que assegura, em toda a sua dimensão, o livre exercício do direito ao envelhecimento".[201] Já Paulo Lobo defende que sob o ponto de vista do direito, "o cuidado recebe a força subjacente do princípio da solidariedade, como expressão particularizada desta".[202]

---

[199] LOBO, Paulo. *famílias*. São Paulo: Saraiva, 2008, p. 40.
[200] LOBO, Paulo. *famílias...*, p. 41.
[201] BARBOZA, Heloisa Helena. O princípio do melhor interesse do idoso. In: PEREIRA, Tânia da Silva; OLIVEIRA, Guilherme (Coord.). *O cuidado como valor jurídico*. Rio de Janeiro: Forense, 2008, p. 70.
[202] LOBO, Paulo. *famílias...*, p. 42.

Para Planiol e Ripert, a obrigação alimentar propriamente dita consiste na ajuda do cônjuge que tem recursos para aquele que está em necessidade. Em certa medida, essa obrigação sobrevive ao matrimônio, vincula-se mais simplesmente ao estado de cônjuge, prescindindo da vigência da sociedade conjugal.[203]

Orlando Gomes confirma os alimentos como dever *de família*.[204] Segundo Francisco Cahali,[205] não se admite que, com a dissolução do vínculo, seja mantida a mesma obrigação marital. Dissolvida a estrutura familiar, não resta mais qualquer obrigação alimentar entre os ex-esposos. O princípio da solidariedade familiar, que norteia a obrigação de prestar alimentos entre os cônjuges, rigorosamente cai por terra quando não existe mais a família formada pelo casal, quando o casamento é dissolvido pelo divórcio. A manutenção da obrigação alimentar entre o casal divorciado se constitui na manutenção rançosa do vínculo, prevalecendo, apenas, a obrigação alimentar com relação aos filhos, conforme expressamente determinado no Código Civil.[206]

Enquanto existe a sociedade conjugal, não se cogita na prestação de alimentos, eis que o casal tem a obrigação recíproca de prover o sustento da família. Com o término da convivência conjugal, o *dever de sustento* assume outra feição, materializando-se na prestação de alimentos. Com a *separação*, prevalecem os *deveres de sustento, assistência e socorro* originários do casamento, exceto em situações excepcionais.

2.3.2. O dever moral e o dever legal

Existe um sentimento universal de cumplicidade familiar, que faz com que um dos membros da família preste socorro ao outro, quando em estado de necessidade. Recorrer a parentes, em especial à avó materna, "faz parte de nossa mais pura tradição patriarcal",[207]

---

[203] PLANIOL, Marcel; RIPERT, Georges. *Derecho Civil*. México: Pedagógica Iberoamericana, 1996.
[204] GOMES, Orlando. *Direito de família...*, p. 428-437.
[205] CAHALI, Francisco, em diversas palestras.
[206] Vide Notas 93 e 94.
[207] LEITE, Eduardo de Oliveira. Prestação alimentícia dos avós: a tênue fronteira entre obrigação legal e dever moral. In: ──. *Alimentos no novo Código Civil*: aspectos polêmicos. Rio de Janeiro: Forense, 2006, p. 59.

destacando-se, especialmente, os cuidados e atenções dos avós par com seus netos. O sentimento de socorro fala alto, e a ajuda é imediata. Em momentos de necessidade, o dever moral se mostra mais forte do que a lei, manifestando-se através do amor ao próximo, amor unilateral, sem contrapartida, e a ninguém é dado reclamar esse amor. Mas vemos tristes casos no Brasil em que a lei "atropela" o dever moral e coage os avós a praticar atos que deveriam ser somente de amor, ameaçando-os até com prisão. O que é princípio discricionário é transformado em obrigação.

> Quanto mais os avós mereceriam sossego e descanso – direito natural decorrente da idade avançada – mais os tentáculos da lei os alcançam relembrando a ocorrência de um dever de auxílio, muito mais próximo da obrigação legal do que um dever moral, o que não deixa de ser inquietante.[208]

Até que ponto vai a obrigação legal-constitucional dos avós de prestar alimentos? Onde se situa a liberalidade dos avós alimentantes?

Sergio Fernando de Vasconcellos Chaves entende que efetivamente os avós podem alcançar favores, mimos ou até alimentos naturais aos netos por mera liberalidade, sem que tal fato se constitua em obrigação que possa ser exigida judicialmente.[209] Repisa em seus julgamentos que os alimentos, mesmo os decorrentes do *patria potestas*, não podem levar os pais e um "engessamento" ao ponto de privá-los de pequenos mimos aos filhos, presenteá-los, fazer com eles viagens. As decisões condenatórias não podem esgotar a capacidade econômica dos avós, a ponto de não lhes restar a mínima reserva financeira para a prática de qualquer atividade de lazer com os seus netos.

Examinando outros sistemas codificados nos quais o Brasil costuma se espelhar, especialmente o europeu, como, por exem-

---

[208] LEITE, Eduardo de Oliveira. Prestação alimentícia..., p. 60.
[209] AÇÃO DECLARATÓRIA. ALIMENTOS *IN NATURA*. PEDIDO DE EXONERAÇÃO OU REDUÇÃO. DESCABIMENTO. 1. Não há falar em obrigação alimentar dos avós, quando inexiste qualquer título jurídico estabelecendo tal encargo. 2. A cessão de uso gratuito do imóvel para o neto e sua mãe morarem constitui mera liberalidade. 3. A única obrigação alimentar existente é a do pai de prestar alimentos *in pecunia* ao filho. 4. Tratando-se de mera liberalidade dos avós, não pode ser declarada como obrigação de prestar alimentos, nem é passível de revisão ou de exoneração. Recurso Desprovido. nº 70 022 301 659, Rel. Des. Sérgio Fernando de Vasconcellos Chaves. 7ª C.C. TJRS.

plo, o português, constata-se que não acolhem em seu ordenamento legal a obrigação ovoenga, prevalecendo um dever de ordem moral.[210] Os avós assumen guarda, educação e sustento dos netos de forma espontânea, normalmente, sem que a isso sejam instados por lei. A presença dos avós representa para a família desfeita, agora composta por um dos pais e seus filhos, um porto seguro, um reconforto moral, a certeza de não estarem sozinhos. São os avós a garantia da estabilidade emocional, e o elo da continuidade familiar[211] que, para os filhos, sempre é traumaticamente interrompida. Dessa forma, os avós se veem empenhados em demonstrações de afeto para seus netos e de lhes proporcionar pequenos mimos.

A liberdade dos avós, sua liberalidade com relação ao que pretendem dar aos netos. resta sensivelmente prejudicada quando a condenação a alimentos esgota ou extrapola sua capacidade econômica. Ao Estado, aqui representado pelo Poder Judiciário, não é permitido invadir a vida, a economia e a alma dos avós para obrigá-los a um esforço hercúleo, além de seus limites, para cumprir uma obrigação que, nessa dimensão, não é sua. Deve-se ter sempre em conta a estrita conexão entre o princípio da dignidade humana e o direito geral de liberdade do indivíduo,[212] bem como do que efetivamente é o público e o que é o privado nessa esfera do Direito. Deve-se destacar, a esse respeito, a lição de Maria Cláudia Cachapuz:

> Diferentemente do que se possa esperar de outros temas jurídicos, tratar do que é público e privado, sob a ótica do Direito, não é tarefa que posa se traduzir num movimento automático de um abrir e fechar de gavetas, dispostas em institutos jurídicos previamente estabelecidos e suficientemente acondicionados em conceitos e expressões de linguagem seguras.[213]

Perlingieri afirma que a própria distinção entre o público e o privado está em crise, sendo difícil individuar um interesse particular que seja completamente autônomo, independente, isolado do interesse público.[214]

---

[210] LEITE, Eduardo de Oliveira. Prestação alimentícia dos avós..., p. 60.
[211] LEITE, Eduardo de Oliveira. Prestação alimentícia dos avós..., p. 65.
[212] CACHAPUZ, Maria Cláudia. *Intimidade e vida privada no novo código civil brasileiro*: uma leitura orientada no discurso jurídico. Porto Alegre: Sergio Antonio Fabris, 2006, p. 113.
[213] CACHAPUZ, Maria Cláudia. *Intimidade e vida...*, p. 285.
[214] PERLINGIERI, Pietro. *Perfis do direito...*, p. 53.

O Estado não deve se imiscuir nas relações familiares; no entanto, essa intervenção é legítima quando visa a garantir o bem-estar social, a proteção da saúde física ou mental de quem se encontre ameaçado; cabe ao Estado proteger o cidadão contra tratamentos desumanos ou degradantes, e por isso há interesse público nos pleitos alimentares.

Ensina Cachapuz que, frente a uma determinada situação concreta, é difícil identificar se é um fenômeno que revele circunstância da vida ou intimidade de alguém, devendo por isso mesmo se manter na esfera privada, ou se merece visibilidade pública em razão do interesse público que lhe é reconhecido. Mas defende que é inegável a existência de um espaço na vida privada que não pode ser invadido, que deve ser livre de invasão de terceiros, mesmo que o terceiro seja o próprio Estado.[215]

Até que ponto pode ou deve o Estado interferir nas questões alimentares entre avós e netos? Até onde vai o limite das relações privadas e onde inicia o interesse público? O que diz a Constituição do Brasil a respeito? Onde está regrada a matéria?

A forma de participação dos avós na família e seu efetivo papel, em um momento em que três gerações convivem simultaneamente, merece um olhar mais cuidadoso.

---

[215] CACHAPUZ, Maria Cláudia. *Intimidade e vida...*, p. 100. A autora exemplifica com decisão do STF, relatoria do Ministro Celso de Mello: A GARANTIA CONSTITUCIONAL DA INTIMIDADE, EMBORA NÃO TENHA CARÁTER ABSOLUTO, NÃO PODE SER ARBITRARIAMENTE DESCONSIDERADA PELO PODER PÚBLICO. – O direito à intimidade – que representa importante manifestação dos direitos da personalidade – qualifica-se como expressiva prerrogativa de ordem jurídica que consiste em reconhecer, em favor da pessoa, a existência de um espaço indevassável destinado a protegê-la contra indevidas interferências de terceiros na esfera de sua vida privada. A transposição arbitrária, para o domínio público, de questões meramente pessoais, sem qualquer reflexo no plano dos interesses sociais, tem o significado de grave transgressão ao postulado constitucional que protege o direito à intimidade, pois este, na abrangência de seu alcance, representa o "direito de excluir, do conhecimento de terceiros, aquilo que diz respeito ao modo de ser da vida privada" (HANNA ARENDT). MS 23669/DF – DISTRITO FEDERAL. MANDADO DE SEGURANÇA. Relator Min. Celso de Mello. Julgamento: 08/02/2001. Publicação DJ 14/02/2001, p. 17.

Capítulo III
O conflito dos direitos fundamentais entre avós e netos

1. O PAPEL DOS AVÓS NA ESTRUTURA FAMILIAR

1.1. O multigeneracionismo

Na família, deve-se conciliar a independência e liberdade do indivíduo com estreita união e solidariedade familiar.

Eduardo dos Santos[216] aponta entre as atribuições da família a função econômico-doméstica, a criação e educação dos filhos, a convivência social interna e o amparo dos velhos.

A família passou por muitas crises, paralelamente ao desenvolvimento global. A economia industrial substituiu a agrária, e os papéis,[217] por consequência, também se modificaram. Os papéis profissional, doméstico e educativo já não mais são ditados por sexo ou idade. A família moderna ocupou o lugar da família tradicional. A figura do "provedor", originário do *pater familias* romano, que tinha poder de vida e morte de seus dependentes, deu lugar à disputa pela igualdade de gênero no mercado de trabalho, resultando na divisão da responsabilidade do casal na criação dos filhos, inclusive sob o aspecto material. Homens e mulheres se tornam iguais em direitos e obrigações. Mudou o enfoque: não mais é o indivíduo que existe para a família e o casamento, mas a família

---
[216] SANTOS, Eduardo dos. *Direito de família...*, p. 24-25, faz referência ao rol organizado por F. C. MÜLLER LYER, em sua obra *La família*.
[217] "O papel é um conceito psico-sociológico que se traduz num conjunto de direitos e obrigações ligados ao estatuto do indivíduo num dado grupo social.". SANTOS, Eduardo dos. *Direito de família...*, p. 27.

e o casamento que existem para o indivíduo.[218] Seus agentes adquiriram o direito moral à felicidade. Se o casamento não deu certo, o divórcio – antes proibido – é a solução.

Com o avanço da ciência e novas técnicas em medicina, melhorou a qualidade de vida,[219] e a longevidade é resultado estatisticamente demonstrado. Aumentou o número de pessoas mais velhas, ampliou-se a convivência entre gerações, tem-se um número maior de avós, que, comparativamente àqueles de cinco décadas atrás, estão cada vez mais saudáveis, dispostos e economicamente ativos.

A avozinha de ontem, com 60 (sessenta) anos de idade, de pantufas, sentada na cadeira de balanço, fazendo tricô para seus netinhos, não é mais a avó de hoje: atualmente, ela acompanha a moda, usa calças jeans, saltos altos, frequenta o cabeleireiro, e seus cabelos tem muitas cores – menos o branco. Continua dando roupas para seus netinhos, mas compradas da boutique infantil de sua preferência. Da mesma forma, o avô não ostenta mais aquela barriguinha sobressalente e uma careca, mas frequenta a academia e faz implante de cabelos. O mundo mudou; os idosos mudaram; a logevidade trouxe ânimo e força à denominada "terceira idade", que dá lição de juventude e jovialidade a muitos jovens precocemente envelhecidos.

O aumento demográfico dos maiores de sessenta anos é um fenômeno mundial que lança novos desafios à sociedade contemporânea. A expectativa de vida melhorou consideravelmente. O Plano Internacional de Madrid sobre o envelhecimento, 2002, da ONU destaca em sua introdução que se prevê para meados do século XXI que o percentual de jovens e velhos no mundo seja igual. Dessa forma, o percentual de pessoas com mais de 60 anos se duplicará entre os anos 2000 e 2050.

O envelhecimento da população mundial passou a ser preocupação de estudiosos a partir das últimas décadas do século XX. A expectativa de vida do homem brasileiro, que era de 45,5 anos em 1940, passou a 70,4 no ano de 2000, conforme censo do IBGE.

---

[218] SANTOS, Eduardo dos. *Direito de família...*, p. 26-28.

[219] Heloisa Helena Barboza conceitua "qualidade de vida" como "a percepção que o indivíduo tem de sua posição na via dentro do contexto de sua cultura e do sistema de valores de onde vive, e em relação a seus objetivos, expectativas, padrões e preocupações. BARBOZA, Heloisa Helena. O princípio do melhor..., p. 69.

A Organização Mundial de Saúde mostra a nova realidade em que o envelhecimento se contrapõe à baixa do índice de natalidade, do que resulta uma população cada vez mais envelhecida e um escasso número de jovens. Esse fenômeno pode ser observado até pelo turista quando passa por países europeus como a Itália, por exemplo.Por volta da década de oitenta, passava-se pelas ruas italianas sem que se visse uma só família com criança, um só carrinho de bebê. Hoje, essa situação já está se modificando, pois já se observam mais carrinhos de bebês circulando pelas praças, o que não ocorria antes.

No Brasil, de 1980 a 1999 houve um aumento em torno de 70% da população idosa. Em um período de 24 anos, a esperança de vida ao nascer no Brasil aumentou, por ano, em média 5 meses.[220] A projeção da expectativa de vida média de sua população para o ano de 2050 é de 13,5 milhões de pessoas com idade igual ou superior a 80 anos de vida, o que corresponde, hoje, à expectativa da população japonesa.

Mesmo assim, ao considerar que no Japão em 2004 a expectativa de vida média já era superior a 81 anos, enquanto no Brasil era de pouco mais que 71 anos, tem-se que o Brasil ainda está em desvantagem, e de acordo com a projeção mais recente da mortalidade, somente por volta de 2040 o Brasil estaria alcançando o patamar de 80 anos de esperança de vida ao nascer.[221]

Em junho de 2009, na cidade do Rio de Janeiro, teve lugar o IV Fórum da Longevidade.[222] Devido ao crescente aumento da expectativa de vida dos brasileiros, travou-se ampla discussão a respeito da qualidade de vida das pessoas, seus riscos, saúde e longevidade. Ratificou-se a posição de vanguarda do Japão, com mais de 36.000 pessoas com mais de cem anos. No Brasil, de acordo com os dados do IBGE, as pessoas com mais de 60 anos ultrapassam a casa

---

[220] INSTITUTO BRASILEIRO DE GEOGRAFIA E ESTATÍSTICA. *Perfil dos Idosos...*
[221] INSTITUTO BRASILEIRO DE GEOGRAFIA E ESTATÍSTICA. Diretoria de Pesquisas. Coordenação de População e Indicadores Sociais. *Projeção da população do...*
[222] FÓRUM DA LONGEVIDADE, n.4, 25 jun. 2009, Rio de Janeiro. *Veja.* São Paulo: Abril, a. 42, n. 30, 29 de jun. 2009. Informe publicitário encartado.

dos 18 milhões, projetando-se para o ano de 2050 uma população de 64 milhões de idosos nessa faixa etária.[223]

A tendência mundial de envelhecimento traz consigo problemas socioeconômicos de profundidade, com reflexos imediatos no sistema previdenciário e assistência médico-hospitalar, constituindo-se em grande desfio aos governos.

No Brasil, com um elevado índice de miseráveis, um sistema de saúde pública em crise notória, em que os direitos fundamentais existem em tese mas na prática não são assegurados, o aumento populacional da terceira idade gera crise principalmente na questão previdenciária e na assistência médica.

E nesse sistema caótico, em que cada dia mais velhos povoam o globo, em que paralelamente se concretizam os avanços da medicina com o resultado da longevidade, os velhos, sem um sistema de saúde adequado, sem uma aposentadoria digna, ainda são, por vezes, onerados com pensão alimentícia aos netos – filhos de filhos omissos, responsabilizados como se pais fossem – quando pais já o foram de seus próprios filhos.

Os idosos, em sua maioria, são os responsáveis pelo sustento do lar em que moram. E sem que, para isso, tenham sido instados judicialmente.

A Organização das Nações Unidas (ONU), em 1982, promoveu uma Assembleia Mundial sobre o Envelhecimento, em prol da proteção e garantia dos direitos humanos fundamentais da pessoa idosa. Nessa esteira, a Constituição brasileira não descuidou a proteção da pessoa idosa na Carta de 1988, que recepcionou a independência, a participação social, a assistência, a satisfação e a dignidade das pessoas idosas, e atribuiu à família responsabilidade para com o idoso. Mas, por ora, trata-se muito mais de um direito em abstrato do que a sua concretização.

Thomas Perls[224] afirma que ter uma vida espiritual relevante, manter amizades e bons relacionamentos, cultivar vínculos, man-

---

[223] Fonte: IBGE, Censos demográficos 1950-2000. Projeção da população do Brasil por sexo e idade para o período de 1980-2050 United Nations Populacion Division, World Population Prospect. The 2002. INSTITUTO BRASILEIRO DE GEOGRAFIA E ESTATÍSTICA. Diretoria de Pesquisas. Coordenação de População e Indicadores Sociais. *Projeção da população do...*
[224] FÓRUM DA LONGEVIDADE, n.4.

ter bom humor e saber agir frente a adversidades são fatores de prolongamento da vida. A cientista Suzana Herculano-Houzel[225] destaca a importância de manter o estresse sob controle e diminuir a ansiedade divertindo-se, relaxando, tendo um *hobby*, e também cultivando o amor e o carinho, que são manifestações de apoio social.

A família exerce papel fundamental para o desenvolvimento desses fatores junto ao idoso, com inegável responsabilidade jurídica familiar *ante* a velhice. Além dos cuidados que os idosos merecem, através de comportamentos comissivos e que lhe são devidos por determinação constitucional, é de fundamental importância o comportamento omissivo positivo, no sentido de não tomar medidas ou atitudes que possam prejudicar os idosos, como não impor a eles desproporcional ônus alimentar para com os netos.

1.1.1. A responsabilidade da família ante a velhice

No Direito de Família, podemos identificar quatro modelos de responsabilidade jurídica familiar ante a velhice, todos relacionados entre si e com referência a um "modelo conceitual" de responsabilidade jurídica: o modelo *totalitário*, o *abstencionista*, o *paternalista* e o *multigeneracionista*. Estudo realizado na Argentina evidencia similitude com a realidade brasileira,[226] motivo pelo qual merece uma análise.

a) O modelo *totalitário* nasceu na Antiguidade, permanecendo até a idade média. Teve como base quatro pressupostos: 1) um conceito de Estado forte e autoritário; 2) uma sociedade com baixa expectativa de vida, dividida em classes ou estamentos fixos, com pouca capacidade de ascensão social de seus integrantes; 3) uma estrutura familiar rígida organizada em torno da figura do *pater*, (homem, idade adulta, proprietário e administrador dos bens de todos os integrantes do grupo); 4) um conceito mediatizado da velhice, ambivalente e estereotipado. O velho ou era ignorado pela maioria das pessoas, como um ser decrépito, decadente, com corpo e alma corrompida, ou era a ponte entre o mundo dos mortais e o sobrenatural.

---

[225] Neurocientista, professora da UFRJ – Universidade Federal do Rio de Janeiro.

[226] O desenvolvimento desse item teve como fonte na íntegra excelente artigo de autoria de DABOVE, Maria Isolina. Derecho y multigeneracionismo..., *passim*.

O bom funcionamento desse modelo permitia que a família atendesse aos idosos, provendo-lhe alimentos, suporte afetivo e patrimonial, em troca do controle de suas vidas;

b) O modelo *abstencionista* surgiu na modernidade, permanecendo no decorrer de todo o século XIX. Acompanhou a concepção antropocêntrica do universo, com modificações significativas em economia, Estado, organização social, família e na própria percepção da velhice.

O feudalismo deu lugar ao sistema mercantilista, ao capitalismo moderno, à imprensa. A burguesia se consolidou como a nova classe. A família passou a atuar como fator econômico importante, com produção e manufatura em pequenos grupos familiares: os velhos nesse período são desprezados e marginalizados, porque considerados improdutivos, inúteis.

A Inglaterra havia criado, nos séculos XVI e XVII, um sistema de ajuda pública a indigentes, base do modelo abstencionista que se impôs até o século XIX, e que foi a fonte de dois princípios operativos de responsabilidade jurídica relativamente aos cuidados dos anciães. De um lado, tem-se o princípio da responsabilidade familiar em matéria assistencial, através do qual filhos e netos estavam obrigados expressamente a prestar alimentos e atenção a seus ascendentes, pais ou avós. Por outro lado, havia também uma obrigação estatal de prestar socorro público de forma subsidiária nas hipóteses em que as famílias declararam sua impossibilidade de fazê-lo. Esse modelo teve influência nos Códigos da América Latina, destacando-se o argentino e o brasileiro;

c) O modelo paternalista chegou junto com o "estado de bem-estar" do século XX, e a concepção antropocêntrica do universo, mantendo-se até os anos 80.

O êxodo rural, a revolução industrial, o trabalho assalariado, as filosofias socialistas, os progressos da ciência, o crescimento demográfico com aumento considerável da expectativa de vida, tudo foi contribuindo para superar o modelo burguês então dominante: novas formas de organização social e institucional, a família nuclear substituindo a família ampla, e em consequência, novos conceitos de velhice. Cada componente da família passa a ter um papel rigorosamente estabelecido.[227] Os avós passam a ser os colaboradores principais a quem recorrer para cuidar dos netos pequenos.

O cuidado com os idosos não mais está limitado exclusivamente ao direito privado, como na modernidade, mas dividido com a entidade estatal, com políticas públicas constitucionalmente asseguradas, como o direito ao seguro social, pensões e aposentadorias aos idosos, dando uma folga ao patrimônio do grupo familiar economicamente ativo;

d) O modelo *multigeneracionista* surgiu na pós-modernidade. Novos padrões econômicos de produção: a geração de bens e serviços é substituída pela vontade de consumo; tendência crescente ao envelhecimento da população; aumento consequente de pessoas adultas e velhas; diminuição de lares jovens; aumento de famílias integradas por pessoas de idade. O novo cenário familiar que põe em xeque o modelo paternalista é denominado por Maria Isolina Dabove de "multigeneracionismo". Nessa fase, as tradicionais famílias compostas por velhos viúvos e filhos é substituída por casais de anciães, famílias *monoparentais unipersonais*, famílias não nucleares – formadas por irmãos ou irmãs que moram juntos – e anciães que residem em instituições especiais pra idosos. As exigências de cuidados, alimentos, inclusão e participação das famílias e anciães crescem de maneira vertiginosa frente a um Estado cada vez mais impotente para responder a esses reclamos.

No Brasil, o Estado se mostra mais omisso do que impotente. A omissão é explícita quando joga exclusivamente nos ombros da família a responsabilidade que também é constitucionalmente sua. Nesse sentido, pertinente a crítica de Eduardo de Oliveira Leite:

> O governo brasileiro preferiu descartar-se daquela obrigação, de ordem pública como é notoriamente sabido, fazendo recaí-la, sempre e ainda uma vez, sobre os ombros do particular, com todas as mazelas daí decorrentes (inadimplência escandalosa, fuga de responsabilidade do genitor devedor, abandono dos menores).[228]

Na lei e na Constituição, um dos dois únicos casos de prisão civil é a inadimplência alimentar. A determinação constitucional de prisão vem no artigo 5º, inciso LXVII, e se reflete no artigo 733, § 1º, do Código de Processo Civil. Trata-se, na verdade, do único

---

[227] DABOVE, Maria Isolina. Derecho y multigeneracionismo..., p. 44.
[228] LEITE, Eduardo de Oliveira. Prestação alimentícia..., p. 59.

caso, pois na prática a outra situação de prisão para depositário infiel é passível de *habeas corpus* concedido pelos Tribunais, o que não ocorre com o devedor de alimentos.

Com a longevidade demonstrada nos censos,[229] e a previsão de se estender a velhice, a atenção da Psicologia, antes concentrada na infância e na juventude, voltou-se para a idade adulta e a velhice.

A Psicologia e o Direito passaram a estudar a convivência entre as gerações, pois se está vivendo o fenômeno demográfico denominado de "multigeneracionismo".[230] Este fenômeno se caracteriza por vários aspectos, como populacionais, econômicos e culturais. Sob o ponto de vista populacional, é configurado por a) coexistência de quatro ou três gerações de pessoas componentes de uma mesma família: bisavós, avós, pais e filhos; b) convivência de duas gerações sucessivas de pessoas envelhecidas e vinculadas por laços de família, como filhos de sessenta anos e pais que já ultrapassaram os oitenta; c) convivência de duas gerações alternadas da família: avôs e netos.[231] Com razão Ivone Coelho de Souza quando observa que:

> Instala-se, então, cada vez mais a possibilidade de convivência entre três ou mesmo quatro gerações, com seus ganhos e com suas incertezas. As funções avoengas passam a compor definitivamente o quadro familiar, desde a participação

---

[229] Em 2000, eram 1,8 milhão de pessoas com 80 anos ou mais de idade e, em 2050,poderão ser 3,7 milhões de pessoas na mesma faixa etária.Segundo o IBGE, na região Sul, a esperança de vida média para as pessoas nascidas em 1980 é de 65, 34 anos, sendo que para os nascidos em 2000 aumentou consideravelmente para 71,03 anos. A população com idade de 60 a 69 anos também aumentou: em 1980 eram 4.474.511, e em 2000 já se encontram em 8.182.035 em todo o Brasil. INSTITUTO BRASILEIRO DE GEOGRAFIA E ESTATÍSTICA. Diretoria de Pesquisas. Coordenação de População e Indicadores Sociais. *Projeção da população do Brasil por sexo e idade para o período 1980-2050, estimativas anuais e mensais da população do Brasil e das unidades da federação: 1980–2020, estimativas das populações municipais*. Rio de Janeiro: IBGE, out. 2004. Disponível em: http://www.mpas.gov.br/arquivos/office/4_081010-120048-289.pdf Acesso em: 1º de março de 2011. INSTITUTO BRASILEIRO DE GEOGRAFIA E ESTATÍSTICA. *Perfil dos Idosos Responsáveis pelos Domicílios no Brasil*. Disponível em: www.ibge.gov.br/home/estatistica/populacao/perfilidoso/default.shtm>. Acesso em: 1º de março de 2011.

[230] DABOVE, Maria Isolina. Derecho y multigeneracionismo: los nuevos desafíos de la responsabilidad jurídica familiar en la viejez. *Derecho de familia*: Revista Interdisciplinaria de doctrina y Jurisprudencia, Buenos Aires: Abeledo-Perrot, n. 40, p. 39-54, jul./ago. 2008.

[231] DABOVE, Maria Isolina. Derecho y multigeneracionismo..., p. 39.

construtiva na vida do grupo, aos conflitos perturbadores no plano afetivo, parte dos quais é conduzida ao Judiciário.[232]

Na visão da argentina Maria Isolina Dabove,[233] que faz pertinente estudo sobre o multigeneracionismo no plano econômico, o fenômeno se desenvolve como um processo de crescente dependência, com uma complexa rede distributiva de recursos, que tende a atribuir ao mais jovem o papel provedor. Bisavós e avós com magras aposentadorias e pensões, filhos integrados ao mercado de trabalho, que auxiliam seus ascendentes, e netos jovens que se preparam para tanto. Quanto à primeira parte da afirmativa de Debove, confere com o que se passa no Brasil, no entanto, curiosamente a realidade brasileira não é a mesma no que toca à ordem de provimento econômico. Diversamente do que é apontado na Argentina, no Brasil o quadro é exatamente o oposto: não são os jovens que auxiliam os idosos, mas são eles que buscam o Poder Judiciário para pedir pensão de alimentos a seus ascendentes; e quando o pai se furta de manter o seu próprio filho, ele vai demandar alimentos do avô. Esse avô, mesmo aposentado, pensionista, mantém muitas vezes o filho que não trabalha, a nora que se acomoda, e os netos que se encontram nesse triste contexto de abandono parental – não só econômico mas também afetivo. Os avós, às custas de privações, passam a sustentar com sua parca aposentadoria duas outras gerações.

Com a convivência, surgem os litígios. Nessa família de muitas gerações, reunida pelo afeto, quando ocorre a quebra da harmonia até então preservada, têm início as disputas que passam pela polícia e vão parar no Judiciário, "como se pela contenda afinal pudesse redefinir, repartir e multiplicar afetos em torno dos mesmos objetivos de amor e preservação".[234]

Por disposição constitucional, é obrigação também do Estado a mantença da criança, do adolescente e do jovem.[235] No entanto,

---

[232] SOUZA, Ivone Maria Coelho de. Papéis avoengos..., p. 166.
[233] DABOVE, Maria Isolina. Derecho y multigeneracionismo..., p. 39/40.
[234] SOUZA, Ivone Maria Coelho de. Papéis avoengos..., p. 166.
[235] Constituição Federal. Art. 227. "É dever da família, da sociedade e *do Estado* assegurar à criança, ao adolescente e ao jovem, com absoluta prioridade, o direito à vida, à saúde, à alimentação, à educação, ao lazer, à profissionalização, à cultura, à dignidade, ao respeito, à liberdade e à convivência familiar e comunitária, além de colocá-los a salvo de toda forma de negligência, discriminação,

no Brasil, o Estado não cumpre seu papel, apesar de ser um dos países com a mais alta taxa de impostos do mundo,[236] com invejáveis somas de arrecadação. A França, por sua vez, tem um sistema operante e eficaz, com programas de auxílio às famílias necessitadas, prestações familiares, auxílio-moradia, cuidados médicos.[237]

Nos Estados Unidos, o número de netos que vivem na casa dos avós é significativo. Em 1996, cinco milhões de crianças estavam nessa situação.[238] No Brasil, além do multigeneracionismo, da convivência na mesma casa entre três ou quatro gerações, a demanda alimentar contra os avós está muito em prática, conforme se vê de nossos tribunais. As causas são as mais variáveis destacando-se, conforme jurisprudência acatada, o desinteresse pelo trabalho, o ócio, as separações e os divórcios, a monoparentalidade.

1.1.2. Os reflexos da monoparentalidade na relação com os avós

A fragilidade das famílias monoparentais femininas é um fenômeno global. Muitas vezes a mulher é levada à reconciliação ou a uma nova união somente para se reorganizar economicamente. Eduardo de Oliveira Leite defende que a possibilidade de uma nova união está diretamente ligada ao número de filhos que a mulher traz, pois nem sempre os homens não se sentem atraídos por mulheres com filhos de união anterior, quase sempre fonte de inevitáveis atritos entre o casal, e sempre um aumento considerável de gastos – o que está sendo objeto de estudos através da "família reconstituída".

Na realidade brasileira, quanto mais se fragilizam os laços paterno-materno-filiais, mais os avós vão ocupando um novo lugar

---

exploração, violência, crueldade e opressão." Art. 230. "A família, a sociedade e o Estado têm o dever de amparar as pessoas idosas, assegurando sua participação na comunidade, defendendo sua dignidade e bem-estar e garantindo-lhes o direito à vida.".

[236] A alíquota do IPI sobre a cerveja e o chope, por exemplo, é de 40%, e sobre o cigarro é de 330%. Fonte http://www.receita.fazenda.gov.br/Aliquotas/DownloadArqTIPI.htm A arrecadação com o imposto de renda também é alta: em 2002 o Estado arrecadou R$ 85.802 milhões com o imposto de renda total. Fonte http://www.receita.fazenda.gov.br/Historico/Arrecadacao/Historico85a2001.htm. Aceso em 21 de março de 2011.

[237] LEITE, Eduardo de Oliveira. Prestação alimentícia..., p. 58.

[238] LEITE, Eduardo de Oliveira. Prestação alimentícia..., p. 57.

na família, lugar decisivo tanto para seus filhos quanto para seus netos, não somente na parte afetiva, mas principalmente na parte econômica. Observa o eminente jurista:

> [...] quando e onde a família "funciona bem" (leia-se de acordo com a previsão legal e as expectativas sociais) são os pais os responsáveis primeiros pelos filhos; quando e onde a família manifesta-se fragilizada ou vulnerável, resgata-se a figura dos avós para manutenção do "status quo" exigido pela sociedade e pelo Direito.[239]

A ruptura da sociedade conjugal do filho faz com que sejam reforçados os laços da família original, notadamente com relação aos ascendentes. Em uma atitude explicável e lógica, o separado busca refúgio e proteção no seio de sua família, em seus pais, avós de seus filhos, pois sabem que ali terão o seu "porto seguro". Ocorre, então, uma "reaproximação geográfica": os pais ou recebem os filhos em processo de divórcio em sua casa, ou vão eles para a casa dos filhos para dar a eles e aos netos o suporte necessário para uma nova realidade.[240] No torvelinho da separação dos pais, no desfazimento do grupo familiar nuclear, os netos necessitam de um referencial forte de família para sentir, de novo, a segurança de um lar: refugiam-se então nos avós.

Porém, não só o apoio moral é pretendido pelos filhos que se separam. Os avós não são contemplados somente com a presença física e o afeto dos netos. Há um outro lado, mais doído, mais sofrido: os netos, sem o saber, sem autorizar a utilização de seus nomes, se tornam sujeitos de um processo litigioso contra os avós que tanto amam. As mães, representando seus filhos, demandam alimentos contra os pais de seu marido, os avós paternos de seus filhos. E, muitas vezes, ao mesmo tempo em que solicitam dos avós o sustento, refutam a sua companhia – por vezes, a proíbem![241] Muito apropriadamente, Ivone Coelho de Souza focaliza a questão:

---

[239] LEITE, Eduardo de Oliveira. Prestação alimentícia..., p. 53/54.

[240] LEITE, Eduardo de Oliveira. Prestação alimentícia..., p. 64.

[241] Representação criminal da nora contra a sogra, que, na rua, foi acenar para o neto na frente de sua escolinha. "em relação à alegada omissão acerca da abstenção da parte [...] de busca de contato com o neto na Escola [...], lembro que as tratativas de conciliação envolveram também tal circunstância, motivando inclusive que o Juízo orientasse as partes a buscar o quanto antes, o reconhecimento do direito que entendem possuir em relação à visitação ao neto ou sua proibição na esfera judicial apropriada, razão pela qual entendo em consignar também que

Salientando a condição de gênero na mulher, Langer (Langer, Marie Maternidad y Sexo Buenos Aires Editorial Paidós, 1976) discorre sobre os atritos sogra-nora-filho como remanescente do Édipo original, onde os vértices agora estariam deslocados e contribuiriam para o desencadear da lide. A primeira, figura feminina em crise vital, mais inclinada a demonstrações de lutos pelas perdas sofrida, inclusive as simbólicas, pode ser também a mais atingida pelos conflitos que se desenvolvem na família trigeracional. Além disso, é comum estatisticamente que a mulher sobreviva ao marido e que esta avó, solicitada em juízo, conserve uma quase indefensabilidade, como parte do que já anteriormente viveu em termos de submissão ou omissão ligados ao gênero. Seus encargos agora se complicam, e a administração da economia, antes afeita ao marido, se põe sob ameaça, real ou fantasiosa.[242] De todos os jeitos, um impasse para a mãe/avó, premida pelas novíssimas formas de sustentar a família.[243]

O sistema jurídico brasileiro, em seu geral, é excessivamente rigoroso para com os avós. Se a lei não especifica os limites da obrigação avoenga, ou se os deixa em aberto a interpretações, os julgadores não hesitam em atribuir uma responsabilidade ilimitada aos avós, como se pais fossem. E as demandas alimentares se multiplicam: algumas partem de real necessidade; outras, meras simulações, são o resultado de incontrolável sede de vingança contra a família do homem que abandonou mulher e filhos. E as demandas de alimentos são dirigidas implacavelmente sem qualquer constrangimento contra os avós. Pelo próprio contexto, por sua idade, por sua história de vida, são os avós aposentados[244] que mais

---

àquele compromisso de respeito aliado à orientação judicial e à solicitação do procurador da vítima sobre a desnecessidade de qualquer contato pessoal entre as partes, e ante a negativa da visitação ao neto, prudente que se estenda à Escola referida enquanto não houver provimento judicial naqueles pleitos já referidos." (Despacho em resposta a Embargos de Declaração Proc. Crim. 2.06.0046434-3 – P. Alegre).

[242] Os demógrafos consideram o maior contingente de velhos representado por mulheres, como "feminilização" da velhice.

[243] SOUZA, Ivone Maria Coelho de. Papéis avoengos..., p. 7.

[244] Decisão que desproveu apelação da avó, aposentada, pensionista, condenada a prestar alimentos ao neto em um salário mínimo: AC nº 70024470965. 8ª C.C. TJRS. [...] No que tange às possibilidades econômicas da apelante, verifica-se que a mesma possui condições de custear a verba alimentar fixada em um salário mínimo nacional. Maria Helena, alega precárias condições econômicas de custear a verba alimentar. Entretanto, não traz aos autos qualquer prova do alegado, ônus que lhe incumbia. Ao contrário, o conjunto probatório coligido demonstra que a apelante é pensionista do INSS, não possui obrigação de pensionar outros netos, bem como quaisquer despesas extraordinárias que justifiquem tal impossibilidade. Assim,

sofrem as consequências das ações de alimentos, pois alvos fáceis que produzem resultados imediatos...Justamente no momento de sua existência em que poderiam e deveriam colher os frutos de toda uma vida de plantio, são brutalmente atingidos pela "dura lei", que lhes toma, compulsoriamente, e via de regra liminarmente, uma considerável parte de seus proventos.

Ocorre frequentemente que o alimentando, embora reúna plenas condições para o exercício de atividade laboral remunerada, não quer trabalhar; se estuda, alega que o trabalho prejudicará seus estudos; se não estuda, alega que "não encontra trabalho", esquecendo-se de que somente se "encontra" aquilo que se "procura". Sua autorresponsabilidade está em crise. Sem dúvida, cada caso merece uma análise, mas o trabalho não está nem proibido nem aliciado das atividades estudantis. Quem não tem condições econômicas satisfatórias deve desde cedo começar a prover o seu próprio sustento. Se o devedor de alimentos também não tem uma vida folgada economicamente, não se pode exigir *dele* sacrifícios desumanos porque o filho ou neto não gostaria de trabalhar simultaneamente a seus estudos.

Há pais que se eximem dos encargos parentais e resolvem jogar por sobre os ombros dos avós toda a carga de responsabilidade que, por lei, é sua. Não exercem a paternidade responsável. Não o fazem, por vezes, desde a gravidez, muitas vezes não desejada, e sem qualquer planejamento familiar. O Estado, por sua vez, é omisso nas políticas públicas de responsabilidade familiar. Sexualidade e contracepção não são devidamente conscientizadas. E os genitores se omitem, comodamente, preferindo transferir para os seus próprios pais – os avós – o ônus alimentar dos netos. Não trabalham por opção de *não querer*, que caracteriza uma "culpa" omissiva. Quando os pais se põem a pedir alimentos em nome de seus filhos (os netos) para os avós, está evidenciada aquela "culpa" que o Código Civil prevê no § 2º do artigo 1.694,[245] ao determinar que os alimentos devem, nessa hipótese, se limitar somente aos

---

ainda que a prova dos autos não demonstre as reais possibilidades da apelante, não há qualquer razão para afastar o pensionamento fixado em um salário mínimo . Rel. Des. Alzir Schmitz.

[245] Art. 1.694, § 2º: Os alimentos serão apenas os indispensáveis à subsistência quando a situação de necessidade resultar de culpa de quem os pleiteia.

"naturais", e não aos "civis", pois a ociosidade é uma forma de ato omissivo culposo.

1.2. As peculiaridades da obrigação avoenga

Diversamente do que ocorre no Brasil, nos sistemas codificados europeus, notadamente França, a eventual responsabilidade alimentar dos avós não resulta de imposição legal, mas de um dever de ordem moral,[246] situado no mesmo grau que dos outros membros da família, sem destaque, enquanto no Brasil é impositiva e expressa a determinação de prestação de alimentos por parte dos ascendentes antes dos irmãos.[247]

Em Portugal, são obrigados a alimentos, reciprocamente, os cônjuges, os ex-cônjuges, os descendentes, os ascendentes, os irmãos, os tios para com o alimentando durante sua menoridade e o padrasto e a madrasta com relação aos enteados menores que estejam ou estiveram por ocasião da morte do cônjuge sob o seu encargo.[248] O direito português atende à analogia sucessória para definir os obrigados a alimentar: aquele que tem direito sucessório, tem obrigação alimentar relativamente às pessoas de quem pode herdar. *"Ubi est emolumentum successionis, ibi est ônus alimentorum"*.[249] A regra sucessória é seguida à risca, tendo os portugueses a pronta resposta para a obrigação alimentar entre todos os obrigados, inclusive os ascendentes, sendo que o grau mais próximo exclui o mais remoto, exatamente como em seu direito sucessório. No en-

---

[246] LEITE, Eduardo de Oliveira. Prestação alimentícia..., p. 60.

[247] Vide artigos 1.696 e 1.698 do Código Civil.

[248] "Artigo 2.009. (Pessoas obrigadas a alimentos) 1. Estão vinculados à prestação de alimentos, pela ordem indicada: a) o cônjuge ou o ex-cônjuge; b) os descendentes; c) os ascendentes; d) os irmãos; e) os tios, não tendo o alimentando mais de 16 anos de idade. 2. Entre as pessoas designadas nas alíneas b) e c) do número anterior, a obrigação defere-se segundo a ordem da sucessão legítima. 3. Se algum dos vinculados não puder prestar os alimentos ou não puder saldar integralmente a sua responsabilidade, o encargo recai sobre os onerados subseqüentes". "Artigo 2.010. (Pluralidade de vinculados) 1. Sendo várias as pessoas vinculadas à prestação de alimentos, respondem todas na proporção das suas quotas como herdeiros legítimos do alimentando. 2. Se alguma das pessoas assim oneradas não puder satisfazer a parte que lhe cabe, o encargo recai sobre as restantes." PORTUGAL, Código. *Código Civil português*. Coimbra: Almedina, 1967.

[249] "Onde está o proveito da sucessão, ali está o ônus alimentar."

tanto, prevê também a hipótese de se o mais próximo em grau não puder atender ao encargo na parte que lhe cabe, serem chamados os mais remotos. (arts. 2.009 e 2.010, CCP). Nessa esteira, na falta de cônjuge ou ex-cônjuge, são chamados à obrigação primeiramente os descendentes, e depois os ascendentes, seguindo a ordem da sucessão legítima portuguesa (art. 2009 n° 1, al. c). Em sendo o credor menor, especialmente os pais têm igualdade de obrigação (arts. 1.874 e 1.878 n° 1).

No direito brasileiro, nos termos do art. 1.696, "o direito à prestação de alimentos é recíproco entre pais e filhos, e extensivo a todos os ascendentes, recaindo a obrigação nos mais próximos em grau, uns em falta de outros.". Evidencia-se que também existe uma clara hierarquia na ordem de prestar alimentos, iniciando-se pelos parentes mais próximos em grau, linha reta – ascendentes. Assim, se faltam os pais, a obrigação passa aos avós; se faltam estes, os bisavós.

Estudos realizados na França[250] demonstram que os avós, que têm a seu favor a obrigação alimentar por parte de seus descendentes, não costumam exercitar judicialmente esse direito, seja pelo receio de quebrar a afetividade que ainda creem existir em seus descendentes, seja pela necessidade psicológica de demonstrar autossuficiência, apesar de estarem em situação de necessidade.

A lógica na ordem sucessória, que chama primeiro os descendentes para posteriormente chamar os ascendentes,[251] também poderia ser observada no dever alimentar. No entanto, é exatamente o contrário que ocorre conforme o artigo 1.697 do Código Civil brasileiro: "Na falta dos ascendentes, cabe a obrigação aos descendentes, recaindo a obrigação nos mais próximos em grau, uns em falta dos outros.".

Muito embora exista a obrigação dos ascendentes à prestação alimentar, há uma grande diferença entre a mera *obrigação moral* e o *dever legal* de prestar alimentos. Coagir os avós a prestar alimentos, não lhes faculta exercer a solidariedade familiar no aspecto afetivo,

---

[250] LEITE, Eduardo de Oliveira. Prestação alimentícia..., p. 69. Noticia estudos realizados pelo CNRS, Centre National de La Recherche Scientifique, equivalente ao CNPQ no Brasil.

[251] Código Civil. Art. 1.829. "A sucessão legítima defere-se na ordem seguinte: I – aos descendentes [...]; II – aos ascendentes, em concorrência com o cônjuge; III – ao cônjuge sobrevivente; IV – aos colaterais."

que pode se concretizar em dádivas materiais. O chamamento à obrigação legal pode levar ao constrangimento, situação agravada pela ausência do afeto.

> Este é um dado ainda não suficientemente refletido pelo legislador e que cria situações insustentáveis, extremamente embaraçosas e penosas nos processos dessa natureza. Quem milita nas Varas de Família pode bem apreciar o que se está aqui afirmando. Nem as partes conseguem manter sua naturalidade, nem os advogados, nem tampouco o Juiz. A audiência transcorre num clima de perplexidade, desconfiança e muita revolta.[252]

A doutrina brasileira é unânime ao se posicionar em torno de uma premissa básica: em primeiro lugar, a obrigação alimentar é recíproca entre pais e filhos, e secundariamente – suplementarmente – extensiva aos demais ascendentes, recaindo nos ascendentes mais próximos e, somente depois que devem ser chamados os mais remotos.[253]

A jurisprudência tem confirmado, de forma veemente, a suplementação dos alimentos pelos avós, inclusive no Superior Tribunal de Justiça,[254] mas de forma excepcional e transitória, "de modo a não estimular a inércia ou acomodação dos pais, sempre primeiros responsáveis".[255]

1.3. A complementaridade da pensão pelos avós

A "complementaridade" na matéria alimentar é uma questão na qual se situa um dos pontos nevrálgicos da responsabilidade

---

[252] LEITE, Eduardo de Oliveira. Prestação alimentícia..., p. 70.
[253] LEITE, Eduardo de Oliveira. Prestação alimentícia..., p. 71.
[254] STJ. Família. Alimentos. Avós. Obrigação complementar. Precedentes do STJ. CCB, art. 397. CCB/2002, arts. 1.696 e 1.698. "Os avós, tendo condições, podem ser chamados a complementar o pensionamento prestado pelo pai que não supre de modo satisfatório a necessidade dos alimentandos." (STJ – Rec. Esp. 119.336 – SP – Rel.: Min. Ruy Rosado de Aguiar – J. em 11/06/2002 – DJ 10/03/2003.
DIREITO CIVIL. AÇÃO DE ALIMENTOS. RESPONSABILIDADE DOS AVÓS. OBRIGAÇÃO SUCESSIVA E COMPLEMENTAR. 1. A responsabilidade dos avós de prestar alimentos é subsidiária e complementar à responsabilidade dos pais, só sendo exigível em caso de impossibilidade de cumprimento da prestação – ou de cumprimento insuficiente – pelos genitores. 2. Recurso especial provido. STJ – 3ª T. REsp. 579.385-SP, Rel. Min. Nancy Andrighi, 26.08.2004.
[255] LEITE, Eduardo de Oliveira. Prestação alimentícia..., p. 76.

alimentar dos avós. Indaga-se[256] no *que* se constitui, de fato, essa "complementaridade"; até que ponto deve o avô ou avó acrescentar aos alimentos do neto o que o pai da criança não pode ou não quer dar: qual o alcance da obrigação "complementar"? Quais as necessidades do infante que devem ser "integralmente satisfeitas"?

Dispõe o Art 1.698:

> Se o parente, que deve alimentos em primeiro lugar não estiver em condições de suportar totalmente o encargo, serão chamados a concorrer os de grau imediato; sendo várias as pessoas obrigadas a prestar alimentos, todas devem concorrer na proporção dos respectivos recursos e, intentada ação contra uma delas, poderão as demais ser chamadas a integrar a lide.

O Centro de Estudos do Tribunal de Justiça do Estado do Rio Grande do Sul,[257] com relação à obrigação alimentar dos parentes,

---

[256] Decisão da 8ª Câmara Cível do TJRS, por maioria, não seguiu a linha que se considera equivocada e que entende pelo tratamento dito *igualitário* obrigando o avô a auxiliar, compulsoriamente e igualmente os netos "Não vejo razão de ajuda a um neto e total inércia em relação a outro. [...] Ora, se a apelante tem condições de ajudar um dos seus netos, dizer que ela não pode auxiliar outro neto, seria uma espécie de tratamento 'anti-isonômico' entre os netos. Tratamento esse reprovável em razão do princípio da igualdade entre filhos, possível de ser aplicado analogicamente aos netos.". O voto divergente defendeu a ideia de que se a mãe da criança trabalha em faxina dois dias na semana, cabe à avó, que recebe somente dois salários mínimos da previdência, a complementação da obrigação alimentar. O julgador sustentou sua posição afirmando que havia nos autos provas suficientes de que não foi encontrado o paradeiro do pai, apesar dos esforços para tanto. E entendeu que apesar da modesta situação econômica da avó, tal fato não seria óbice a que ela contribuísse com alimentos para o neto. No entanto, a decisão da maioria foi em sentido contrário. "APELAÇÃO CÍVEL. ALIMENTOS. OBRIGAÇÃO AVOENGA. CARÁTER EXCEPCIONAL E SUBSIDIÁRIO. PROVA DA NECESSIDADE DOS ALIMENTADOS E DA POSSIBILIDADE DO ALIMENTANTE. A obrigação alimentar dos avós só tem cabimento quando esgotadas as possibilidades de prestação alimentar pelos pais. Na obrigação avoenga é de ser observado o binômio alimentar. No caso, diante da impossibilidade de a avó, pessoa idosa e que aufere benefício previdenciário modesto, prestar alimentos aos netos, deve ser reformada a sentença. Apelo provido, por maioria". AC nº 70025516816. 8ª C.C. – Relator: Des. Alzir Felippe Schmitz.

[257] RIO GRANDE DO SUL. Tribunal de Justiça. Centro de Estudo. *Conclusões do Centro de Estudos*. Disponível em: <http://www.tjrs.jus.br/institu/c_estudos/conclusoes.php>. Acesso em: 21 de fevereiro de 2011. O Centro de Estudos do Tribunal de Justiça do RS, que substituiria o Centro de Estudos do Tribunal de Alçada (extinto em 1998) – CETARGS – foi aprovada pelo Órgão Especial em 09.11.1998. A Emenda Regimental nº 08/98 integrou este novo Setor ao Regimento Interno do TJ. O Centro de Estudos é composto por todos os Desembargadores

concluiu, através do enunciado no. 44 que "a obrigação alimentar dos avós é complementar e subsidiária à de ambos os genitores, somente se configurando quando pai e mãe não dispõem de meios para prover as necessidades básicas dos filhos".

Em sua justificativa, pondera que o artigo 1.696 do Código Civil dispõe que a obrigação alimentar recai nos parentes "mais próximos em grau, uns em falta de outros". Somente após demonstrada a impossibilidade de todos os mais próximos em suportar o encargo alimentar é que se pode configurar a obrigação dos ascendentes mais remotos. Dessa forma, se viabiliza a postulação de alimentos contra os avós quando o pai e a mãe não possuem condições de arcar com o sustento dos filhos. Se apenas um dos pais apresenta condições, deve assumir sozinho a mantença do filho. Apesar de a fundamentação ser clara e explícita quanto ao fato de não haver "compensação" ou "substituição" do pai faltante pelo avô quando apenas um dos pais apresenta condições, essa clareza não se fez presente no corpo do enunciado.

O Superior Tribunal de Justiça tem ratificado seu entendimento de que os avós somente serão responsabilizados na incapacidade de os pais cumprirem seu encargo, não admitindo que a ação seja ajuizada diretamente contra os avós.[258]

A inovação constante do artigo 1.698 do Código Civil brasileiro não foi bem recepcionada pela doutrina. A intervenção de terceiros ali confusamente regrada foi entendida como incursão indevida do diploma material no direito processual civil. Francisco

---

e dirigido por um Órgão Executivo, composto por um Coordenador e quatro Coordenadores-Adjuntos, eleitos pelo Órgão Especial, para atuarem nas áreas de Direito Público, Privado, Criminal e de Família, e tem por objetivo realizar estudos, seminários, painéis, encontros, palestras e pesquisas visando ao aprimoramento e à difusão cultural de todos os Desembargadores do Tribunal, quanto a temas pertinentes de competência da Corte.

[258] STJ. FAMÍLIA. ALIMENTOS. RESPONSABILIDADE DOS AVÓS FRENTE AOS NETOS. NATUREZA JURÍDICA. AJUIZAMENTO DIRETO CONTRA OS MESMOS. INADMISSIBILIDADE. CCB/2002, ART. 1.698. "A responsabilidade de os avós pagarem pensão alimentícia aos netos decorre da incapacidade de o pai cumprir com sua obrigação. Assim, é inviável a ação de alimentos ajuizada diretamente contra os avós paternos, sem comprovação de que o devedor originário esteja impossibilitado de cumprir com o seu dever. Por isso, a constrição imposta aos pacientes, no caso, se mostra ilegal." (STJ – HC 38.314/MS – Rel.: Min. Antônio de Pádua Ribeiro – J. em 22/02/2005).

Cahali conclui que "no confronto entre prós e contras, ainda melhor teria sido inexistir o artigo 1.698 do novo Código".[259]

1.3.1. Obrigação avoenga desvinculada do poder familiar

A obrigação dos pais relativamente aos filhos crianças e adolescentes decorre do *poder familiar*, sendo ampla, irrestrita, incondicionada, sem reciprocidade. É uma obrigação com fundamento constitucional e legal, mas que por uma questão visceral e emocional, deveria vir acompanhada também de um sentimento: o amor.

O jornalista David Coimbra focalizou com precisão essa ligação afetiva que permeia a relação materno-paterno-filial:

> [...] o tal amor incondicional dos pais. É um sentimento que dispensa retribuição, e exatamente por isso, torna-se uma aflição e uma angústia. Porque a minha serenidade depende do bem-estar do outro, não da "reciprocidade" do outro.[260]

Não se pode confundir a obrigação especial e peculiar imposta aos pais para com os filhos, da obrigação mais genérica, a "obrigação alimentar"; esta, por sua natureza, recíproca, ao passo que aquela é unilateral também por sua própria natureza.

A obrigação alimentar é absoluta com relação aos filhos sob o poder familiar, e relativa com relação aos filhos maiores e capazes, bem como entre os demais parentes.[261] A obrigação alimentar dura toda a vida; a obrigação dos pais para com os filhos menores termina com a maioridade dos filhos.[262] O término, de acordo com a Súmula 358 do STJ, de agosto de 2008, não se opera de forma automática: "O cancelamento de pensão alimentícia de filho que atingiu a maioridade está sujeito à decisão judicial, mediante contraditório, ainda que nos próprios autos". A jurisprudência brasileira consagrou o entendimento de que os alimentos para os filhos maiores de idade ainda são devidos se o filho está estudando e

---

[259] CAHALI, Francisco Jose. Dos alimentos..., p. 231..

[260] COIMBRA, David. A voz de uma mãe do outro lado da linha. *Zero Hora*, Porto Alegre, 5 dez. 2008, p. 3.

[261] MADALENO, Rolf. Obrigação, dever de assistência e alimentos transitórios. In: CONGRESSO BRASILEIRO DE DIREITO DE FAMÍLIA, n. 6; PEREIRA, Rodrigo da Cunha (Coord.). *Afeto, ética, família e o novo código civil brasileiro*: anais... Belo Horizonte: Del Rey, 2004, p. 576.

[262] PLANIOL, Marcel; RIPERT, Georges. *Derecho Civil*..., p. 281.

necessita da ajuda dos pais para a conclusão de seus estudos e ingresso na vida profissional.

O Código Civil brasileiro de 1916 utilizava a expressão "pátrio poder", tradução literal de *patria potestas*, assim encontrada ainda hoje nos diversos ordenamentos jurídicos. Com a Lei nº 1.046, de 10.01.2002, que introduziu o novo Código Civil brasileiro, "pátrio poder" foi substituída por "poder familiar". No entanto, nem o Código de 1916, nem o de 2002 conceituam o termo, sendo o seu significado explicado pela natureza histórica e jurídica do instituto, e pelos muitos estudos a respeito.

A expressão "pátrio poder" foi criticada pelas duas palavras que a compõe: *pátrio*, e *poder*. O primeiro reparo é porque não se trata tão somente de poder – *potestas* –, mas também de *dever*, um conjunto de poderes e deveres com relação aos filhos, seja no aspecto material, seja no aspecto moral.[263] A segunda crítica reside no fato de que o *poder-dever* não se limita ao pai, como expressa a palavra latina *pater*, mas também à mãe – *mater*. Trata-se de uma obrigação de pai e mãe, conforme disposição constitucional.[264]

O Código Civil de 2002 buscou modernizar e atualizar a expressão, substituindo-a por *poder familiar*, mas também não foi feliz em seu intento. A uma, porque manteve a palavra *poder*, deixando de lado o *dever*; a duas, porque se valeu da expressão *familiar*, que diz respeito a toda a família, expressão ampla, ao invés de substituir *pátrio* por *parental*, que se refere a pais, *parens – parentis*, ambos os pais. A esse respeito, com veemência sustentam suas ideias Luiz Edson Fachin,[265] Eduardo de Oliveira Leite,[266] Silvio de Salvio Venosa[267] e Silvio Rodrigues.[268]

---

[263] FONSECA, Antonio Cezar Lima da. O poder familiar a o novo código civil. In: AZAMBUJA, Maria Regina Fay de (Coord.); SILVEIRA, Maritana Viana (Coord.); BRUNO, Denise Duarte (Coord.). *Infância em família*. Porto Alegre: IBDFAM, 2004, p. 230-231.

[264] Constituição Federal. Art. 229. "*Os pais* têm o dever de assistir, criar e educar os filhos menores, e os filhos maiores têm o dever de ajudar e amparar os pais na velhice, carência ou enfermidade.".

[265] FACHIN, Luiz Edson. *Comentários ao novo Código civil*: do direito de família, do direito pessoal, das relações de parentesco. Rio de Janeiro: Forense, 2003, p. 240.

[266] LEITE, Eduardo de Oliveira. *Síntese de Direito Civil*: Direito de Família. Curitiba: J. M., 1997, p. 246.

1.3.2. A obrigação dos avós no direito estrangeiro

Não apenas no Brasil, mas em todo o mundo, a maioria dos beneficiários da Previdência Social é formada por idosos e grande parte da aposentadoria é empregada na aquisição de remédios, o que significa um custo elevado.[269] Além disso, sua alimentação exige cuidados especiais. Mesmo assim, esses idosos costumam, de maneira informal, ter sob sua dependência econômica, por conta de sua magra aposentadoria, uma plêiade de dependentes econômicos, que vão dos filhos aos netos – o que se observa via de regra nas camadas mais pobres. Nessas circunstâncias, a pensão alimentar a ser cumprida judicialmente pelos avós torna mais agudo seu estado de pobreza, levando-os à miséria.

A substituição do dever alimentar, na inexistência dos pais, ou a suplementação dos alimentos pelos avós quando a pensão paga pelos pais não é suficiente, devem ser vistas como excepcionalidade. A condenação dos avós só procede diante da prova inequívoca da insuficiência de recursos[270] do pai e também da mãe, já que a obrigação alimentar incumbe a ambos. Esse entendimento predomina nos mais diversos países.

1.3.2.1. Portugal

Eduardo dos Santos distingue as obrigações de alimentos decorrentes do casamento e do *pater potestas*. A determinação legal do

---

[267] VENOSA, Sílvio de Salvo. *Direito civil*: direito de família. 8. ed. São Paulo: Atlas, 2008. v. 6, p. 293-296.

[268] RODRIGUES, Silvio. *Direito civil*: direito de família. 28. ed. São Paulo: Saraiva, 2007. v. 6, p. 355.

[269] MONTALVÃO, Fernando *et al*. Pensão alimentar pelos avós. *Revista Jus Vigilantibus*. 26/09/07. Disponível em: <http://jusvi.com/artigos/28635>. Acesso em: 14 set. 2008.

[270] TJMG. ALIMENTOS. FILHOS. OBRIGAÇÃO DOS PAIS. AÇÃO PROPOSTA CONTRA AVÓS. CARÊNCIA POR ILEGITIMIDADE. CCB, ART. 397. "Para que se caracterize a legitimidade passiva dos avós paternos de prestar alimentos ao menor seu neto, a teor do art. 397 do CCB, somente se restar demonstrado pelo autor, pelos meios de prova em direito admitidos, que seu pai, o primeiro na linha obrigacional de prestar alimentos ao filho, não tenha condições de prestá-los ou de complementar a prestação que já vem suportando. Na obrigação alimentar derivada da consangüinidade, o mais próximo exclui o mais remoto. Este, no entanto, só pode ser compelido a pagar a pensão alimentícia se o mais chegado não puder fornecê-la." (TJMG – Ap. Cív. 125.020/8 – São Lourenço – Rel.: Des. Murilo Pereira – J. em 04/02/1999).

dever de alimentos entre cônjuges, do Código Civil português, art. 2003, é *genérica*: "o dever de assistência compreende a obrigação de prestar alimentos e a de contribuir, durante a vida em comum, de acordo com os recursos próprios, para os encargos da vida familiar" (art. 1874, nº 2, CC português). De outro lado, os alimentos decorrentes do "poder paternal"[271] assumem *caráter específico*. A lei portuguesa, ao determinar que "por alimentos entende-se tudo o que é indispensável ao sustento, habitação e vestuário" (art. 2003, nº 1, CCP), se refere ao mínimo vital que todo indivíduo necessita para satisfazer suas necessidades básicas. Sendo o alimentado menor, abrange ainda sua instrução e educação, tudo condicionado à possibilidade de quem alcança e à necessidade de quem solicita.

Aponta ainda o autor que no direito português, diversamente da obrigação alimentar em geral, os alimentos devidos pelos pais aos filhos menores, sujeitos ao "poder paternal", vão além daquilo que é indispensável ao seu *sustento, habitação, vestuário, instrução e educação*. Os pais são obrigados à *segurança* dos filhos, *sustento*, e *educação*, enquanto eles não podem suportar com os meios próprios tais encargos. E o *sustento* implica vestuário. A *saúde* faz parte dos alimentos propriamente ditos, mas a *segurança* não se encontra ali inserida. E a *educação* abrange educação mais instrução, inclusive profissional. E a lei portuguesa não fala em "habitação" porque os filhos menores têm a obrigação de viver com os pais. Dessa forma, os alimentos alcançados pelos pais aos filhos menores ultrapassam o mínimo vital que lhes deve ser assegurado.

1.3.2.2. Itália

O direito italiano é bastante explícito, tanto em sua parte legal quanto na jurisprudência, no sentido de minorar a obrigação alimentar entre parentes, limitando-os ao mínimo necessário, ou seja, aos alimentos tão somente "naturais". Assim, dispõe o artigo 439 do Código Civil italiano sobre alimentos entre irmãos, de forma que os alimentos entre irmãos serão devidos na medida do estritamente necessário, fazendo ressalva a favor de educação e instrução

---

[271] "Poder paternal": expressão utilizada em Portugal para o que denominamos atualmente, no Brasil, de "poder familiar".

somente quando se trata de alimentante menor de idade.[272] Essa observação, lamentavelmente, não constou da redação final do Código Civil brasileiro.[273]

A jurisprudência da corte italiana ressalva que o nível de vida que deve determinar a medida da contribuição deve ser o do pai, e não o do avô, e que os avós, sejam paternos ou maternos, somente contribuirão depois de prover as suas próprias necessidades, destinando aos netos o que não lhes seja necessário.[274]

O Código Civil italiano prevê obrigação alimentar distinta entre *alimenti* (alimentos) e *mantenimenti* (manutenção). A doutrina amplia a denominação, quando atribui à lei do divórcio e à reforma do direito de família a substituição da dicotomia *alimenti-mantenimenti* por *alimenti-mantenimenti-altricontributivi* (outras contribuições), entendendo-se nessa última todas as formas de assistência familiar que se distinguem das outras.[275]

Ensina Vicenzi Amato que, sob a ótica tradicional, os *alimenti* se distinguem dos *mantenimenti* quando a prestação devida é de conteúdo mais amplo, que não se limita às necessidades vitais, mas sim a tudo que a pessoa possa almejar para uma qualidade de vida ao nível de sua família original. Por consequência, prescinde do

---

[272] Art. 439. "Misura degli alimenti tra fratelli e sorelle. – Tra fratelli e sorelle gli alimenti sono dovuti nella misura dello stretto necessario. Possono comprendere anche le spese per l'educazione e l'istruzione, se si tratta di persona minore dei diciotto anni." ITALIA, Código. *Codice Civile e leggi complementari*. 10.ed. Padova: CEDAM, 1971.

[273] O *caput* do art. 1.694 do projeto original do Código Civil brasileiro tinha a seguinte redação: "Podem os parentes ou os cônjuges pedir uns aos outros os alimentos de qu necessitam para viver de modo compatível com a sua condição social, inclusive para atender às necessidades de sua educação, quando o beneficiário for menor.". A ressalva no final foi excluída durante sua tramitação no Senado, e o *caput* teve na Câmara o acréscimo a favor dos companheiros. *Código Civil comentado*. Coord. Ricardo Fiúza. São Paulo: Saraiva, 2008, p. 1.841

[274] "Il livello di vita sul quale determinre la misura del mantenimento era collegato a quello dei genitori, e i nonni, sai paterni che materni, sussidiariamente, erano tenuti a corrispondere il contributo, solo se con le loro sostnze potevano soddisfare le loro esigenze, destinando quanto a loro non necessário ai nipoti." (La cortte Suprema de Cassazione, Cassazione civile, sez, I, 21 marzo 2003, nº 4144, ricorso 7772) . Disponível em: <www.iuritalia.it/cciville/CC>. Acesso em: 11 out. 2009.

[275] AMATO, Vicenzi. Gli alimenti. In: RESCIGNO, Pietro. *Trattato di diritto privato*. 2. ed. Torino: Utet, 1999. v. 3, p. 894.

exame da necessidade do sujeito, e também da avaliação de sua situação econômica. Mesmo assim, se deve levar em conta não apenas a falta dos alimentos, mas se essa falta não decorre de culpa do necessitado.[276]

Perlingieri esclarece que os *alimenti* se referem ao que é proporcionado enquanto as partes envolvidas estão mantendo convivência: seria a obrigação de assistência material decorrente da convivência familiar; e quando o aporte econômico é propiciado fora do convívio familiar, denomina-se *mantenimenti*.[277]

1.3.2.3. Argentina

Também na Argentina, conforme demonstra Eduardo Fanzolato, no artigo 367 do Código Civil, se evidencia a subsidiariedade da obrigação alimentar avoenga. Os pais que exigem alimentos dos avós devem demonstrar que se esgotaram sem êxito todas as possibilidades de manterem os filhos. Dessa forma, evita-se que se furtem a suas responsabilidades inerentes ao "pátrio poder" (expressão ainda em uso pelo direito argentino). Afirma ainda o autor que as obrigações alimentarias decorrentes do "pátrio poder" e do casamento são as que abrangem maior gama de necessidades, ao passo que na obrigação alimentar fundada no parentesco os itens incluídos são mais limitados.[278]

Com entendimento diverso, Alice de Souza Birchal[279] defende que como o direito à busca da ancestralidade é um direito personalíssimo, com proteção jurídica integral nos termos dos artigos 5º e 226 da Constituição da República Federativa do Brasil, a relação de parentesco em linha reta, a partir do segundo grau, gera todos

---

[276] AMATO, Vicenzi. Gli alimenti. In: RESCIGNO, Pietro. *Trattato di diritto privato*. 2. ed. Torino: Utet, 1999. v. 3, p. 894/895.

[277] PERLINGIERI, Pietro. *Manuale di diritto civile*. Napoli: Edizione Scientifiche italiane. 2005, p. 803.

[278] FANZOLATO, Eduardo Ignacio. *Derecho de Família*. Tomo I, Editorial Advocatus, Córdoba, Argentina, 2007, Cap. XIV, p. 278-279.

[279] BIRCHAL, Alice de Souza. A Relação Processual dos Avós no Direito de Família: Direito à busca da Ancestralidade, Convivência Familiar e Alimentos. In: Congresso Brasileiro de Direito de Família, 6.; PEREIRA, Rodrigo da Cunha (Coord.). *Afeto, ética, família e o novo código civil brasileiro*. Belo Horizonte: Del Rey, 2004, p. 43.

os efeitos do parentesco de primeiro grau, de conformidade com a lei civil.

Segundo Eduardo dos Santos, a obrigação paterna não encontra limite nas necessidades do filho menor. E tanto o filho que atinge a maioridade quanto o emancipado que ainda não completou a sua formação, continua com esse direito, numa obrigação unilateral, ao contrário da obrigação alimentar propriamente dita, que é recíproca e não tem marco final.[280] No entanto, é necessário ressaltar que as relações alimentárias devem sempre atender aos critérios de *necessidade* de quem pede e *possibilidade* de quem alcança, sob uma ampla e aguçada visão da *capacidade laboral do alimentado*.

A obrigação alimentar somente subsiste na impossibilidade de o alimentado prover *minimamente* a sua subsistência – mínimo vital a que os alimentos visam assegurar. "Do outro modo, seria uma violência do legislador exigir do devedor o esforço do seu trabalho para alimentar quem leva vida ociosa. [...] Enquanto são débeis, dependem dos pais, de um modo absoluto, as crianças de ambos os sexos".[281] Indolência e ociosidade não podem esperar respaldo judicial.

O *direito argentino* prevê dispensa da obrigação alimentar quando o descendente pratica atos de indignidade com relação ao ascendente e vice-versa. Determina o Código Civil argentino, em seu artigo 373,[282] que cessa a obrigação de prestar alimentos se os descendentes em relação a seus ascendentes, ou os ascendentes em relação a seus descendentes, cometerem algum ato pelo qual possam ser deserdados.

Poderia o direito de Família no Brasil se espelhar no direito argentino, que estabelece uma via de mão dupla: quem faz o mal, colhe seus frutos, mas não existe paralelo no direito brasileiro.

A obrigação decorrente do poder familiar não encontra limites, diferentemente dos demais tipos de obrigação alimentar. Ensi-

---

[280] SANTOS, Eduardo dos. *Direito de família...*, p. 522.
[281] BEVILÁQUA, Clóvis. *Direito de família...*, p. 363.
[282] Código Civil argentino. "Art. 373. Cesa la obligación de prestar alimentos si los descendientes en relación a sus ascendientes, o los ascendientes en relación a sus descendientes, cometieren algún acto por el que puedan se desheredados.".

na Bossert[283] que existe uma diferença entre a amplitude com que se fixa a quota alimentar para filho menor, considerando que a obrigação do pai decorre do poder familiar, e a responsabilidade alimentar decorrente tão somente do parentesco, sendo que neste caso os alimentos devem se restringir a atender as necessidades indispensáveis do reclamante. O direito argentino detalha as obrigações decorrentes do *pátria potestas*,[284] deixando explícito, também, quais as necessidades a serem supridas nas demais obrigações alimentares.[285]

1.3.2.4. Costa Rica

A corte de Justiça de Costa Rica entende que os pais são tidos como os principais obrigados dos filhos menores, e a eles cabe a responsabilidade de prover as necessidades dos filhos. A prioridade vem estabelecida no artigo 169, inciso 3, do Código de Família de Costa Rica, que primeiro chama à ordem os irmãos, e somente depois os avós.[286] Não há no país outra lei que se refira à obrigação avoenga, e apenas dois votos da Sala Constitucional[287] tratam do tema, e por interpretarem a Constituição têm caráter normativo e vinculante, *erga omnes*, de conformidade com o artigo 14 da Lei de Jurisdição Constitucional. Dessa forma, o Juiz de primeiro

---

[283] BOSSERT, Gustavo A. *Regimen jurídico de los alimento*: conyuges, hijos menores y parientes; aspectos sustanciales y procesales. Buenos Aires: Astrea, 2006, p. 300.

[284] Código civil argentino. "Art. 165. Los hijos menores de edad están bajo la autoridad y cuidado de sus padres. Tienen estos la obligación y el derecho de criar a sus hijos, alimentarlos y educarlos conforme a su condición y fortuna, no sólo con los bienes de los hijos, sino con los suyos propios." (grifo da autora).

[285] Código Civil argentino. "Art. 372. La prestación de alimentos comprende lo necesario para la subsistencia, habitación y vestuario correspondientes a la condición del que la recibe, y también lo necesario para la asistencia en las enfermedades.".

[286] Artículo 169 – Obligados alimentarios. Deben alimentos: 1. Los cónyuges entre sí; 2. Los padres a sua hijos menores o incapaces y los hijos a sus padres; 3. Los hermanos a los hermanos menores o a los que presenten una discapacidad que les impida valerse por si mismos; los abuelos a los nietos menores y a los que, por una discapacidad, no pueden valerse por sí mismos, cuando los parientes más inmediatos del alimentario antes señalado no puedan darles alimentos o en el tanto en que no puedan hacerlo; y los nietos y bisnietos, a los abuelos y bisabuelos en las mismas condiciones indicadas en este inciso.

[287] Votos de nºs 2002-9692 e 2003-0589.

grau, mesmo não concordando com o critério, deve aplicá-lo, com força cogente constitucional. Dessa forma, a obrigação avoenga é tida como *subsidiária*, e os avós somente podem ser demandados quando os pais, obrigados principais, não puderem atender a suas obrigações, o que deve ser previamente comprovado. Ademais, consideram, na análise dos pedidos, o atendimento das necessidades *básicas* dos netos. Não admitem que, sem a análise prévia da situação dos pais, possam ser os avós demandados.[288]

1.3.3. As consequências impactantes da liminar contra os avós

Na prestação de alimentos, via de regra, seja entre cônjuges, seja entre parentes, na ponderação entre os critérios de necessida-

---

[288] Voto 2003-0589: Los principales acreedores alimentarios son por supuesto los padres de los menores, entendiendo que ambos tienen la obligación de velar por las necesidades de sus hijos. Así las cosas, la lectura del artículo 169 del Código de Familia establece un orden de prioridad que debe ser respetado entre los familiares que deben alimentos, precisamente por existir una obligación principal. Por ende, debe concebirse que el inciso c) de dicho artículo es una obligación subsidiaria, lo que por su propia naturaleza implica, que es en aquellos casos en que no sea posible el cumplimiento de la misma por parte de ambos obligados alimentarios, o sea de sus padres. (…) A criterio de este Tribunal, de conformidad con todo lo anteriormente señalado, (…) la subsidiariedad que es el supuesto bajo el cual se puede demandar a los abuelos, debe operar únicamente cuando se haya constatado que efectivamente los obligados principales (los padres) no puedan cumplir con la obligación alimentaria de sus hijos, lo cual incluso debe demostrarse previamente. (…) la naturaleza de la pensión provisional es que los acreedores alimentarios puedan satisfacer sus necesidades básicas mientras se tramita la demanda, y en este caso ya se había fijado incluso una pensión que había sido confirmada por el Tribunal recurrido en segunda instancia. De manera que las necesidades de los menores estaban siendo cubiertas, y aún teniendo por válida la interpretación del Juzgado recurrido debió haberse determinado previamente la insuficiencia alegada por la accionante en la demanda y no conceder de previo lo solicitado a través de una pensión provisional. La situación de la madre ni siquiera queda definida en el asunto, siendo una de las principales obligadas a velar por sus hijos, por lo que resulta discriminatorio que puedan acudir directamente ante los abuelos (incluso de solo una de las partes), a exigir el cumplimiento de una obligación generada por los mismos padres. Exp: 03-000328-0007-CO Res: 200300589. SALA CONSTITUCIONAL DE LA CORTE SUPREMA DE JUSTICIA. San José, a las ocho horas con treinta minutos del treinta y uno de enero del dos mil tres. Recurso de hábeas corpus interpuesto por Ebaudilio Nájera Santamaría, cédula 6-0052-0469 y Nelly Hidalgo Zamora, cédula 2-0236-0972, mayores, casados, vecinos de Grecia, contra la Jueza de Pensiones Alimentarias del Primer Circuito Judicial de San José, Elizabeth Picado Arguedas.

de e possibilidade, tem prevalecido a "possibilidade" do alimentante, sem maior atenção às reais necessidades do alimentado. Nas ações contra os avós, muitas vezes para o despacho inicial sequer é examinada a necessidade de quem pede, ficando totalmente desconsiderado o critério da subsidiariedade da obrigação: os avós, então, sofrem o impacto de uma liminar judicial na qual se veem, de repente, privados de um percentual considerável de seus rendimentos. Alguns têm um bom nível de vida, mas outros vivem de uma parca aposentadoria, ainda mais reduzida por força da liminar concedida que tende a perdurar até a instrução do feito ou a sentença final, o que, no nosso sistema jurídico brasileiro atual, demanda tempo – o tempo que os avós não mais podem perder, e que lhes é subtraído.

Passamos a examinar uma situação hipotética: o avô é demandado por um neto, que tem mãe, e cujo pai está inadimplente. O Juiz, liminarmente, já no despacho inicial, fixa o percentual sobre os rendimentos do demandado, pois este tem emprego fixo, em entidade privada, atendendo ao disposto na Lei 5.478/68, que ainda vigora (para espanto de muitos!). O mito do "1/3" sobre os rendimentos da parte-ré por muito tempo prevaleceu, e só agora está sendo, aos poucos, mitigado; mesmo assim, os percentuais praticados no despacho liminar ficam em torno de 20% ou 30%.

Ora, se a pessoa demandada tem elevados rendimentos, os alimentos fixados liminar e provisoriamente em percentual, por consequência, também serão elevados. E essa situação de alimentos provisórios se arrasta por muito tempo, anos por vezes, até a sentença. Enquanto isso, se o demandado recebe R$ 25.000,00, e teve alimentos fixados em 25% sobre seus ganhos, o alimentado estará recebendo a polpuda mensalidade de R$ 6.250,00. Suponhamos que a mãe dessa criança trabalhe, e o pai, que deixou o emprego, está inadimplente. A mãe ganha R$ 1.800,00, e o pai ganhava R$ 2.500,00. Somados os rendimentos do pai e da mãe, a renda familiar dessa criança era de R$ 4.300,00, vivendo todos com esse valor. Pelo fato de o pai ter abandonado o emprego e a família, e deixou de alcançar alimentos para o filho, foi demandado o avô paterno, que, em virtude da ordem rápida e eficaz do Magistrado, passou a ter descontados de seus rendimentos R$ 6.250,00. Esta importância a que o avô foi sumariamente compelido a pagar (desconto em folha de pagamento) é superior ao valor total da renda familiar de seu neto.

Temos, no caso em análise, por força de uma decisão judicial, uma situação irreal (ou surreal?) que foge totalmente aos padrões praticados pela família original do neto, pois independentemente do padrão de vida do avô, a criança deve viver de acordo com o nível econômico de seus pais. E então, como num passe de mágica, com um toque de caneta, a família monoparental (o pai sumiu) passou a ter um renda magnífica, muito melhor que a anterior, e da qual jamais a mãe do neto pretende abrir mão. Será isso justo? Será isso correto? Será isso legal?

Por outro lado, há quem se aperceba da situação, e defenda os avós de tão desumano tratamento – o que, ainda, é uma minoria.[289]

1.3.4. A teoria da divisão matemática

Observa-se com frequência em nosso sistema jurídico entendimento de que, sendo a obrigação tanto do pai quanto da mãe, deveria haver uma "divisão matemática por linhas" da responsa-

---

[289] Nessa linha, voto de Antonio Carlos Stangler Pereira, no Agravo de Instrumento nº 70014981427 8ª C.C. TJRS: [...] a questão é deveras tormentosa, colocando de um lado as necessidades presumidas dos infantes, tendo sua genitora desempregada, e de outro a situação do avô que se vê obrigado a prestar alimentos aos netos, ainda que auferindo parcos rendimentos. Tudo isso diante da profunda desídia do pai dos menores, que mesmo tendo contra si duas execuções, inclusive com prisão já decretada, furta-se em adimplir a obrigação alimentar. Essa triste realidade, entretanto, não pode ser resolvida, como adverte o Dr. Procurador de Justiça, tirando de uma pessoa idosa (com 77 anos de idade), doente e que paga aluguel, percebendo benefício previdenciário na ordem de um salário mínimo, sequer servindo para atender as carências das crianças. De outro lado, tem-se que a mãe delas, pessoa relativamente jovem e aparentemente saudável, tem plenas condições de trabalho, embora não se olvide as dificuldades de mercado. Aliás, chama a atenção, como alude o mesmo parecer ministerial, o fato de que ela, dizendo-se não poder assumir o sustento dos filhos, veio com a ação através de advogado constituído, abrindo mão dos serviços da Defensoria Pública. Já o pai, como dito, tem-se como certo que revela lamentável recalcitrância, respondendo a duas execuções por alimentos, já tendo inclusive a prisão decretada. Pende ainda contra ele, entretanto, uma dessas execuções, quando antes do desfecho foi chamado o avô a prover as necessidades dos netos. A rigor, assim, até há certa dúvida sobre a verdadeira causa da impontualidade, se por irresponsabilidade ou por efetiva impossibilidade.

bilidade. Nesse entender, 50% do ônus alimentar seria da mãe, e 50% seria do pai. Apregoam os simpatizantes dessa teoria que, se o pai não pode alcançar a sua parte, independentemente do fato de a mãe trabalhar e prover as necessidades do filho, devem ser demandados os avós para que respondam por aquela "metade" que seria responsabilidade paterna.

Ocorre também na Argentina uma discussão a esse respeito, com jurisprudência em sentidos opostos, conforme informa Belluscio. Questiona-se se a mãe que detém a guarda, tendo em vista o pai não fornecer alimentos, seja por impossibilidade ou por desídia, deveria ela procurar uma atividade remunerada, ou se o fato de manter os filhos com ela, dando-lhes atenção, supre o aporte econômico que ela deveria ofertar também. Divergem os entendimentos, havendo quem sustente que nesse caso, a mãe deve ficar, sim, em casa sem trabalhar, e os avós paternos devem "compensar" o aporte econômico que seu filho não fornece.[290]

No entanto, no Brasil, o entendimento do Superior Tribunal de Justiça é no sentido de que a responsabilidade entre os avós, ou mesmo entre pais e avós, não é solidária, devendo cada um dos obrigados responder na medida de suas próprias capacidades, o que torna inconsistente a tese da "divisão matemática".[291]

Afirma Ana Maria Louzada que:

> [...] caso a mãe seja bem sucedida empresária, e consiga com o seu trabalho sustentar os filhos que estão em sua guarda e companhia, ainda assim persiste a obrigação do pai. Em não possuindo esse pai condições de manter seus filhos

---

[290] BELLUSCIO, Cláudio Alejandro. *Alimentos debidos a los menores de edad*. Buenos Aires: Garcia Alonso, 2007, p. 311.

[291] STJ. FAMÍLIA. ALIMENTOS. RESPONSABILIDADE COMPLEMENTAR DOS AVÓS. NATUREZA JURÍDICA. CCB, ART. 397. CCB/2002, ART. 1.696. "Não é só e só porque o pai deixa de adimplir a obrigação alimentar devida aos seus filhos que sobre os avós (pais do alimentante originário) deve recair a responsabilidade pelo seu cumprimento integral, na mesma quantificação da pensão devida pelo pai. Os avós podem ser instados a pagar alimentos aos netos por obrigação própria, complementar e/ou sucessiva, mas não solidária. Na hipótese de alimentos complementares, tal como no caso, a obrigação de prestá-los se dilui entre todos os avós, paternos e maternos, associada à responsabilidade primária dos pais de alimentarem os seus filhos. Recurso especial parcialmente conhecido e parcialmente provido, para reduzir a pensão em 50% do que foi arbitrado pela Corte de origem." (STJ – Rec. Esp. 366.837 – RJ – Rel.: Min. César Asfor Rocha – J. em 19/12/2002).

condignamente (v.g. por estar desempregado) cabe aos netos pedirem alimentos aos avós. Se assim não foi o entendimento, a mãe será "punida" por desenvolver atividade laborativa com sucesso, o que é injusto.[292]

Essa forma de tratar a questão parece totalmente equivocada. Para não "punir" a mãe, que, juntamente com o pai, detém a responsabilidade primeira e maior de criar e sustentar os filhos, como decorrência do poder familiar, termina-se por "punir" os avós paternos, que já criaram os seus filhos, e se veem, inesperadamente, compelidos a uma responsabilidade que não é sua.

Na mesma esteira da "substituição" do pai provedor, decisão do Tribunal de Justiça do Rio Grande do Sul, em que, por maioria, foi decidido:

> Alimentos. Obrigação avoenga. Ainda que a obrigação alimentar dos avós com relação aos netos seja complementar e subsidiária, ela não está condicionada à prova de que ambos os pais não possuem capacidade financeira para prover o sustento dos filhos. Apelo provido em parte vencido o Relator. (Apelação Cível nº 70006215719, 7ª C.C. TJRS, 21/5/2003)

Na defesa de seu voto, em que foi acompanhada pelo Desembargador José Carlos Teixeira Giorgis, argumenta a Desembargadora Maria Berenice Dias, que a lei é clara ao determinar a transmissibilidade por graus, em linha reta, entre pais e filhos:

> O simples fato de se tratar de obrigação de caráter complementar e subsidiário não pode levar à desobrigação ou à transmissão do encargo ao outro genitor. A vingar tal hipótese, possível seria simplesmente dispensar um dos genitores de alcançar alimentos ao filho, se aquele que o tem sob sua guarda possui condições de prover-lhe o sustento. No fundo, é isso que se está preconizando nesta tendência jurisprudencial que se tem alastrado e que enseja um resultado no mínimo perverso, de caráter punitivo e sem qualquer respaldo legal. Se cabe à genitora a guarda do filho, com todos os encargos de criação e educação, não há como lhe repassar, com exclusividade, também a obrigação pelo sustento, ainda que eventualmente tenha condições econômicas para isso. No caso, o genitor com nada está contribuindo, pois não trabalha, sendo portador do vírus HIV. Assim, sua obrigação com relação ao filho se transmite aos ascendentes do genitor, os avós, que gozam de confortável situação econômica, pois são proprietários de dois hotéis.

Verifica-se que essa teoria divide a responsabilidade alimentar "por linhas" – "linha paterna" e "linha materna" – nos moldes da distribuição da herança no direito sucessório, passando a

---

[292] LOUZADA, Ana Maria Gonçalves. *Alimentos*: doutrina e jurisprudência. Belo Horizonte: Del Rey, 2008, p. 49-50.

"metade" que seria responsabilidade do pai para os avós. Desconsidera-se, nesse entendimento, que se trata de uma obrigação diferenciada, de ambos os pais, decorrente do *poder familiar*, e não de uma simples "substituição" do obrigado, ou um repasse de tarefa. A mãe escolheu o pai de seu filho, e se ele não correspondeu a suas expectativas, não há por que se "vingar" nos pais dele, os avós. A queda do padrão econômico que, muitas vezes, ocorre com uma separação, com a dissolução de uma família, não deve nem pode ser "descontada" ou compensada nos avós. A solução deve ser buscada nos limites da família original da criança – mãe e pai. Só excepcionalmente, e de forma moderada, na falta do absolutamente essencial, recorre-se aos avós.

O Relator e autor do voto vencido, Desembargador Luiz Felipe Brasil Santos, sustenta ponto de vista na mesma linha defendida neste trabalho, totalmente contrário aos votos vencedores, conforme se vê:

> As demais despesas relacionadas na inicial não justificam, por igual, a imposição de pensionamento provisório por parte dos avós. Isso porque, auferindo a genitora renda razoável, e não possuindo despesas com habitação, como aluguel ou prestação de casa, devem as despesas dos filhos ser compatíveis com o seu ganho. Se não têm as menores condições de estudar em colégio particular, cursar inglês e participar de atividades esportivas pagas (dança), devem readequar o seu padrão de vida, tornando-o compatível com a disponibilidade financeira de sua representante legal. [...]. É que, como temos aqui majoritariamente decidido, a obrigação alimentar dos avós é sempre subsidiária e complementar à de ambos os pais, somente se configurando, pois, quando pai e mãe não dispõem de recursos para proporcionar aos filhos o mínimo necessário ao sustento deles, o que, como visto, não é o caso aqui.

Complementando seu voto, sustenta ainda o Relator que

> [...] o problema envolvido na causa não é um problema de *"transmissibilidade lateral"* da obrigação alimentar. A questão da transmissibilidade da obrigação alimentar está tratada no art. 1.700, agora, do Novo Código, e ela só vem em causa quando se está diante do óbito do devedor, situação em que seus herdeiros são chamados a contribuir. Fora disso, com a devida vênia, não vejo como se falar em transmissibilidade. Portanto, não é o fato de um genitor não poder pagar que se transmite ao outro.
> [...] diz o art. 1.698: "Se o parente que deve alimentos em primeiro lugar" – no caso os pais, pai e mãe – "não estiver em condições de suportar totalmente o encargo (e somente nesta hipótese de nenhum dos dois estar em condições de suportar totalmente o encargo) serão chamados a concorrer os de grau imediato", ou seja, o ascendente mais remoto, o ascendente de segundo grau, os avós neste caso.

Mas, para tanto, a condição posta na lei é clara: o parente mais próximo não estar em condições de suportar totalmente o encargo. No caso concreto, a mãe é funcionária do Banco do Brasil e tem um salário líquido. Não digo que seja rica, que possa viver com folga, mas tem condições de atender razoavelmente o sustento das duas filhas. Assim, está posta a condição que a lei prevê para que os avós sejam chamados a complementar, uma vez que as crianças, seguramente, não estarão passando necessidade no atendimento de seu básico. Evidentemente, luxo não poderão ter, mas a isso não se destinam os alimentos, até porque os avós, no caso concreto, estão longe de ser pessoas abonadas, como chegou a ser agitado nestes autos, mas a prova não deixa estampado.

Como se demonstra, há entendimentos que apontam claramente a obrigação na proporção das possibilidades de cada um dos obrigados, e não em divisão matemática.[293]

A falta de colaboração materna sob a alegação de que o marido não permite ou não teria permitido que a esposa trabalhasse merece uma especial atenção, eis que esse comportamento "machista" existia, sim, há alguns anos atrás, e em cidades pequenas. Hoje, nas grandes cidades, e já nas pequenas vilas do interior, a situação se encontra já modificada, e a mulher já alcançou uma independência, rompendo seus grilhões com relação ao homem. Assim, onerar os avós porque a mãe não trabalha "por imposição do marido" se constitui em equívoco de graves consequências, em que os avós são os únicos castigados e prejudicados, como na decisão:

---

[293] ALIMENTOS. CARÁTER EXCEPCIONAL DA OBRIGAÇÃO AVOENGA. 1. A obrigação de prover o sustento do filho gerado é de ambos os genitores, isto é, do pai e da mãe, e do pai ou da mãe, in casu, entenda-se mãe como guardiãs, devendo cada qual concorrer na medida da própria disponibilidade. 2. O chamamento dos avós é excepcional, somente se justificando quando nenhum dos genitores possui condições de atender o sustento da prole, como é o caso dos autos, onde a genitora faleceu e o genitor é alcoolista, ficando a criança aos cuidados de uma tia. Recurso Desprovido nº 70 024 699 738. 7ª C.C. Des. Sérgio Fernando de Vasconcellos Chaves, relator.
ALIMENTOS. OBRIGAÇÃO AVOENGA. DESCABIMENTO. 1. O pleito alimentar contra os avós é excepcional e somente se justifica quando a pessoa não tem condições de prover o próprio sustento e nenhum dos genitores possui condições de prestar-lhe auxílio, e, ainda, que os avós possuam condições de prestar esse auxílio sem afetar o seu próprio sustento. 2. Se a autora é maior, capaz e apta ao trabalho, recebe auxilio alimentar do genitor e, inclusive, está cursando estabelecimento de ensino superior, descabe postular alimentos aos avós. Recurso provido. (Apelação Cível nº 70035219450, 7ª C.C. Tribunal de Justiça do RS, Relator Des. Sérgio Fernando de Vasconcellos Chaves, Julgado em 15/12/2010)

ALIMENTOS PROVISÓRIOS. OBRIGAÇÃO AVOENGA. Embora seja complementar e subsidiária a obrigação alimentar dos avós, tem-se como caracterizada, para fins de cognição preliminar, a impossibilidade dos genitores na mantença da prole quando o genitor obtém parco rendimento e a genitora está fora do mercado de trabalho por imposição do ex-marido e da mãe deste. PROVERAM PARCIALMENTE. UNÂNIME. "proveram parcialmente, para fixar a pensão provisória devida pela agravada [...] em 10% de seus rendimentos líquidos. unânime.[294]

Nesse Agravo de Instrumento, houve o deferimento de pensão provisória a favor dos netos, tendo em vista que se comprovou na inicial que a mãe das crianças não trabalhava, e que a pensão de 30% do salário do pai era insuficiente para a mantença de seus filhos, face às necessidades presumidas das idades de 01 e 03 anos. Além disso, a avó paterna era pensionista do Exército, sendo capaz de, com 10% de sua pensão, pagar alimentos a seus netos, de forma a "suplementar, sem prejuízo de seu sustento, a pensão dos netos."

Desconsidera-se a avó, sua vida, sua história, sua trajetória. Evidencia-se uma grande consideração com a mulher evidentemente mais jovem – a mãe das crianças – que não trabalha. Deve a avó pagar o preço da inércia da nora? Não seria mais pedagógico, mais justo, mais socialmente correto estimular essa mãe a trabalhar, ao invés de onerar a avó com os 10% sobre a pensão que ela recebe pela morte de seu marido? Não se poderia aumentar o percentual alcançado pelo pai, primeiro obrigado juntamente com a mãe das crianças? Não se estaria praticando uma invasão desumana na vida, na economia, na velhice, no livre-arbítrio da avó?[295]

---

[294] AI 70007636186, 7ª C.C. TJRS, Rel. Des. Luiz Felipe Brasil Santos, julg. em 18/02/2004.

[295] Decisão semelhante, valoriza a situação de desemprego da mãe das crianças tornando-a fundamento para onerar o avô: OBRIGAÇÃO AVOENGA. A obrigação de pagar alimentos recai nos parentes mais próximos em grau, inicialmente em linha reta ascendente, uns em falta de outros (art. 1.696 do CCB). Comprovado que o pai não pode contribuir com valor superior a 50% do salário mínimo, a mãe não exerce atividade laboral, e o avô aufere renda suficiente para adimplir com a pensão arbitrada, é de ser mantida a sentença. Não se trata aqui de e assegurar ao neto o padrão de vida do avô, mas, sim, de minorar a situação de extrema carência enfrentada pela criança, que não tem suas necessidades fundamentais atendidas pelos genitores, contando, em contrapartida, com um progenitor que dispõe de amplos incontestados recursos. NEGARAM PROVIMENTO. UNÂNIME. (AP. Cível nº 70010034007, 7ª C.C. –TJRS).

1.3.5. A falta do primeiro obrigado

Determina o art. 1.696 do Código Civil que "o direito à prestação de alimentos é recíproco entre pais e filhos, e extensivo a todos os ascendentes, recaindo a obrigação nos mais próximos em grau, uns em falta de outros.".

O conceito de "falta" de alimentos é elástico, e entendido diversamente tanto pela jurisprudência, como também por renomados doutrinadores. Ensina Silvio Rodrigues[296] que os parentes mais próximos *excluem* os mais remotos, enquanto Caio Mario afirma que *não se deve dizer que os mais próximos excluem* os mais remotos.[297] Já Yussef Said Cahali[298] ensina que na *falta ou impossibilidade* dos mais próximos se recorre aos mais remotos. Arnaldo Rizzardo[299] ensina que mesmo que o avô tenha melhores condições econômicas que o pai, se este tem condições de sustentar o filho, não é facultada ao neto a ação diretamente contra o avô.

Da mesma forma conflitante, a "falta" dos pais pode ser entendida como impossibilidade, de forma genérica, seja pela ausência física, seja pela ausência moral e econômica, seja por culpa ou sem culpa dos pais: se os pais não sustentam os filhos, está caracterizada a "falta".[300]

Mesmo caracterizada a total irresponsabilidade de um pai que abandona o filho, que não paga a pensão de alimentos, que esconde o quanto ganha para não pagar, que pede demissão de seu emprego com carteira assinada para se tornar um próspero autônomo rodeado de "laranjas" por todos os lados... Mesmo estando registrado nas decisões que isso não caracteriza a "falta", os avós são condenados ao pagamento da pensão que o pai não alcança. Por quê? Porque entre um velho e uma criança, pelo princípio do melhor interesse da criança, o velho é sobrecarregado, é onerado, é preterido. Para o idoso, nada; para a criança, tudo.

---

[296] RODRIGUES, Silvio. *Direito Civil...*, p. 380.

[297] PEREIRA, Caio Mário da Silva. *Instituições de direito civil:* direito de família. 14. ed. Rio de Janeiro: Forense, 2004. v. 5, p. 505.

[298] CAHALI, Yussef Said. *Dos alimentos.* 6. ed. São Paulo: Revista dos Tribunais, 2009, p. 466.

[299] RIZZARDO, Arnaldo. *Direito de família.* 7. ed. Rio de Janeiro: Forense, 2009, p. 762-763.

[300] LEITE, Eduardo de Oliveira. Prestação alimentícia..., p. 85/86.

Yussef Cahali entende como sinônimos de "falta" tanto a *falta absoluta*, resultado da morte ou ausência dos pais, como a *impossibilidade do cumprimento* da obrigação alimentar. No entanto, não considera "falta" se os pais, apesar de demonstrarem capacidade para o trabalho, não têm vontade de assistir adequadamente os filhos, ou seja, se os pais têm "capacidade", mas não têm "disponibilidade" para o trabalho, preferindo demandar os avós, meio mais fácil e eficaz. Nesse caso, não concorda o referido autor que seja considerada como "falta" o comportamento omissivo paterno, e por consequência, imprópria a ação contra os avós.[301]

Para Cahali, o parente de grau mais próximo não exclui o mais remoto, mas "os mais remotos só serão obrigados quando inutilmente se recorrer aos que os precederem". O parente mais afastado somente será chamado à obrigação se o mais próximo não tiver condições de prestar alimentos. "E isto vale especialmente para os pais, cuja qualidade de devedores de alimentos é singular, e que não podem ser dispensados do dever paterno fundamental como se está pretendendo fazer.". Destaca o autor que o simples fato de ser mais cômodo ou mais fácil para o neto dirigir-se ao avô, não justifica excluir da obrigação o pai, pois "o direito não protege comodismo; não pode o comodismo, portanto, gerar qualquer direito".[302]

1.3.6. As fronteiras da responsabilidade

Os pais são ascendentes de primeiro grau, e os avós os ascendentes de segundo grau. Os parentes mais próximos do netos, em linha reta ascendente, são os pais do neto, os filhos dos avós. Na falta dos pais, a obrigação recai sobre os avós, pela responsabilidade sucessiva e *subsidiária*.

É nesse ponto que se planta um grande problema: os alimentos a serem providos para filho menor (bem como os alimentos para o cônjuge sem culpa na separação judicial, para quem admite que ela ainda subsiste) são amplos, e devem abranger tanto os alimentos *naturais* como os *civis*; a *contrariu sensu*, diversa é a situação

---

[301] CAHALI, Yussef Said. *Dos alimentos...*, p. 467/470.

[302] CAHALI, Yussef Said. *Dos alimentos...*, p. 469, analisando jurisprudência da 2ª Câmara Cível do TJSP, EI 104.160-1, 13/03/1990.

dos alimentos para *parentes* (ou *cônjuges* com culpa).[303] Esses dois tipos de obrigação vêm sendo equivocadamente entendidos como se fosse única, de forma a todos os parentes terem responsabilidade alimentar ilimitada de suprir a totalidade das necessidades naturais e civis de quem lhes demanda em juízo. No entanto, sendo a obrigação do avô subsidiária, quando o pai não tem condições de suprir a totalidade das necessidades ao filho, a obrigação avoenga deve se limitar às *necessidades elementares*, naturais do neto, e não às necessidades civis.[304]

Cada situação deve ser sopesada adequadamente, com harmonia, prudência e bom-senso – como fazem os argentinos, seja por sua doutrina,[305] seja com sua jurisprudência,[306] ao determinar que as necessidades do alimentado em cada caso marcam o limite da quota a ser fixada, mesmo quando as possibilidades do alimentante permitam fixar alimentos em valores superiores.

Não existe determinação legal a indicar com exatidão o *quantum* alimentar. Estabelecer a devida proporção entre os rendimentos do alimentante e o valor da pensão a ser fixada é uma difícil tarefa do julgador, que não pode se cingir a cálculos aritméticos, mas necessita estabelecer um processo de valoração de todas as circunstâncias determinantes da quota alimentar, onde prudência e objetividade são essenciais. Essa linha poderia ser observada com mais frequência no Brasil, nos moldes da decisão do Tribunal de Justiça do RS,[307] na qual o Relator fundamenta que é dever dos pais prestar o sustento e também assegurar a plena educação ao filho menor, "sendo que a obrigação alimentar dos avós é decor-

---

[303] A questão da "culpa" suscita ainda grandes discussões, e não será objeto de estudo nesse momento.

[304] Esse o entendimento do direito argentino, cf. BOSSERT, Gustavo A. *Regimen jurídico de...*, p. 282.

[305] BOSSERT, Gustavo A. *Regimen jurídico de...*, p. 499.

[306] CNCiv. Sala K, 26/11/96, LL, 1998-B-897; CNCiv., Sala G, 20/6/91, R. 93.092.

[307] ALIMENTOS. CARÁTER EXCEPCIONAL DA OBRIGAÇÃO AVOENGA. 1. Compete a ambos os genitores a obrigação de prover o sustento do filho menor, somente se justificando o chamamento dos avós quando comprovada a absoluta incapacidade econômica daqueles. 2. A obrigação alimentar dos avós é excepcional e somente se justifica quando nenhum dos genitores possui condições de atender as necessidades básicas do alimentando, o que, por ora, não está demonstrado nos autos. Recurso Desprovido. AI 70020065546 7ª C.C. TJRS, Rel. Dês. Sérgio Fernando de Vasconcellos Chaves, 08 08 2007. Decisão unânime.

rência do dever de solidariedade familiar", em caráter excepcional, somente se justificando na falta ou impossibilidade tanto do pai como também da mãe.

De conformidade com o disposto no artigo 1.698 do Código Civil, se um dos genitores não pode cumprir seu encargo, seja por impossibilidade econômica, seja por morte ou outro motivo, o sustento dos filhos se centra no outro genitor, e somente na impossibilidade de ambos os pais é que a obrigação deve recair nos avós. O mesmo Tribunal decidiu que a obrigação dos ascendentes para com seus descendentes necessitados "é residual, em razão do dever de solidariedade familiar, já que a obrigatoriedade é, primeiramente, dos genitores, isto é, dos pais, pai e mãe, e pai ou mãe, um na falta do outro".[308] A obrigação paterna deve ser buscada, seja via de ação de alimentos, seja de execução, seja ainda de majoração de alimentos. Não é "razoável" impor tal obrigação aos avós, transferi-la do pai ao avô, nem por eventual omissão voluntária do pai.

Na mesma Yussef Said Cahali afirma que "somente após a demonstração da inexistência ou da impossibilidade de um dos parentes de determinada classe em prestar alimentos é que se pode exigir pensão alimentícia de parentes pertencentes às classes mais remotas".[309]

Julgamento da 8ª Câmara Cível do TJRS concluiu que a obrigação dos avós em prestar alimentos aos netos é subsidiária e complementar à dos pais, somente sendo admitida quando comprovada a impossibilidade dos genitores. Nas razões do voto, consta que os avós não podem *"sacrificar seu próprio sustento"* em benefício dos netos *"quando não demonstrada a insuficiência ou absoluta incapacidade*

---

[308] APELAÇÃO CÍVEL. DIREITO DE FAMÍLIA. ALIMENTOS. OBRIGAÇÃO AVOENGA. A obrigação alimentar avoenga, nos termos do art. 1.696 do Código Civil, detém característica subsidiária ou complementar, somente se justificando nos casos em que restar comprovada a incapacidade alimentar absoluta dos genitores. Não demonstrada a ausência dos pais do alimentando ou a impossibilidade econômica plena de prover o sustento do filho, descabe atribuir aos avós tal ônus Sentença de improcedência mantida. Rel. André Luiz Planella Villarinho. Apelação Cível nº 7002131792016 de julho de 2008.
[309] CAHALI, Yussef Said. *Dos Alimentos*. 6. ed. São Paulo: Revista dos Tribunais, 2009, p. 499-504.

econômica dos pais".³¹⁰ A decisão acolheu o apelo dos avós, sendo-lhes favorável.

Parece que a situação posta está resolvida a favor dos avós, mas não é isso exatamente que se conclui em uma leitura mais apurada! Foi o *caso concreto* que se resolveu a favor dos avós, mas somente porque não houve prova da alegada incapacidade econômica dos pais. O princípio defendido no voto, *a contrariu sensu*, foi que, *se demonstrada a incapacidade econômica dos pais, os avós podem sacrificar seu próprio sustento em benefício dos netos*! Se fosse demonstrada a incapacidade dos pais, os avós deveriam alcançar alimentos aos netos, mesmo que com o sacrifício de sua vida pessoal, seu lazer, suas opções de alimentos civis.

A conclusão nº 44 do Centro de Estudos do Tribunal de Justiça do Rio Grande do Sul trata dessa questão, limitando a obrigação avoenga somente aos alimentos naturais, pois somente se configura a obrigação dos avós, em caráter subsidiário, quando os pais não dispõem de meios para prover as necessidades básicas dos filhos. Assim, não lhes é dado o direito de recorrer aos avós para buscar suas necessidades civis.

Se os pais têm condições, os avós não são obrigados.³¹¹ O pai que trabalha deve prover os alimentos do filho.³¹² Negligência e

---

³¹⁰ (Apelação Cível nº 70022514616, Oitava Câmara Cível, Tribunal de Justiça do RS, Relator: José Ataídes Siqueira Trindade, julgado em 19/12/2007) igual entendimento esposado em julgamento na 7ª C.C. TJRS: apelação cível. Ação de alimentos. Obrigação avoenga. Inadmissibilidade, na espécie, vez que não comprovada a impossibilidade dos pais. A obrigação de pagar alimentos recai nos parentes mais próximos em grau, inicialmente em linha reta ascendente, uns em falta de outros (art. 1.696 do CC). Somente quando comprovada a insuficiência financeira de ambos os pais é que recai a obrigação aos avós. Hipótese inocorrida no caso em análise. Sentença mantida. Recurso desprovido. (segredo de justiça). Apelação Cível nº 70020294534, Sétima Câmara Cível, Tribunal de Justiça do RS, Relator: Ricardo Raupp Ruschel, julgado em 10/10/2007.

³¹¹ Apelação Cível. Alimentos. Obrigação avoenga. 1. Tratando-se de alimentos postulados aos avós, é preciso averiguar se as condições que desfrutam ambos os genitores inviabilizam o atendimento minimamente adequado das necessidades do alimentando, sendo certo, outrossim, que este não tem direito a desfrutar de eventual padrão de vida que o avô lhe possa proporcionar, devendo ficar adstrito ao que é possível dispor com a renda de pai e mãe, a menos que estes não tenham condições para lhe fornecer um mínimo de vida digna e, de outro lado, os avós detenham tal possibilidade. 2. Considerando que: (1) a mãe é microempresária e não demonstrou a impossibilidade de contribuir com o mínimo para uma vida

e omissão dos pais não caracteriza a "falta" de que trata o artigo 1.696; no entanto, tanto a doutrina[313] quanto a jurisprudência[314] são taxativas em determinar que, utilizados os meios de coerção ao pai, se infrutíferos, a obrigação recai sobre os avós. Nessa linha de pensamento, não estão livres os avós, tendo a seu favor, tão somente o fato de serem demandados primeiramente os pais.

E exatamente aí repousa o equívoco que se pretende demonstrar: *demandados os pais, e inertes estes, os avós não têm a mesma obrigação quantitativa do que os pais*. Os alimentos a serem alcançados pelos avós não podem ser os mesmos que os pais teriam que alcançar, sob pena de se praticar – e lamentavelmente se pratica – uma

---

digna aos filhos; (2) o pai, apesar de não contribuir de forma regular para a mantença dos filhos, pagou significativa quantia recentemente, em ação de execução de alimentos, e está sendo pleiteada a penhora de credito trabalhista para saldar débito em outra execução; (3) os avós são pessoas de idade avançada, com renda familiar de aproximadamente R$ 2.500,00, possuem problemas de saúde, fazendo uso de medicação de uso constante, não apresentando, com isto, condições financeiras para contribuir com o sustento dos netos, não vinga a pretensão dos apelantes, de verem os avós condenados ao pagamento de pensão alimentícia. Negaram provimento. Unânime. n° 70016492225. Des. Luiz Felipe Brasil Santos, relator. (Des. Sérgio Fernando de Vasconcellos Chages e Dês. Ricardo Raupp Ruschel).

[312] ALIMENTOS – PENSÃO ALIMENTÍCIA – AÇÃO INTENTADA CONTRA AVÓ DOS MENORES – INADMISSIBILIDADE GENITOR DAS CRIANÇAS QUE TRABALHA E TEM CONDIÇÕES DE ARCAR COM O SUSTENTO DOS FILHOS – VALOR ARBITRADO QUE DEVE ATENDER AO BINÔMIO NECESSIDADE E POSSIBILIDADE – INTELIGÊNCIA DO ART. 1.696 DO CC (de 2002). Ementa oficial: Nos termos do art. 1696 do CC "O direito à prestação de alimentos é recíproco entre pais e filhos, e extensivo a todos os ascendentes, recaindo a obrigação nos mais próximos em grau, um em falta dos outros." Se o pai das crianças trabalha, cabe-lhe – e não à avó dos menores – arcar com os alimentos indispensáveis ao sustento dos filhos. A impossibilidade de pagamento da pensão deve estar cumpridamente demonstrada pelo alimentante como fato impeditivo da pretensão do alimentado, o que aqui não se verificou. O valor arbitrado para alimentos deve atender ao binômio necessidade e possibilidade. AG 1.0625.04.036938-5/001– Segredo de Justiça – 7ª Câm. CTJMG – j. 03.05.2005 – Rel. Des. Wander Marotta.

[313] GONÇALVES, Carlos Roberto. *Direito civil brasileiro*. São Paulo: Saraiva, 2005. v. 6, p. 482.

[314] "[...] a omissão paterna, derivada de causas diversas, que possa expor em risco o sustento dos filhos, é fato suficiente a justificar ao menos o processamento da ação contra os avós." (7ª C.C. TJSP, 01.01.1995, JTJ 176/22) *apud* LEITE, Eduardo de Oliveira (Coord.). *Alimentos no novo código civil*: aspectos polêmicos. Rio de Janeiro: Forense, 2006. v. 5, p. 74.

grande injustiça para com os avós! Nessa linha, também, a melhor doutrina, como ensina Eduardo de Oliveira Leite, *in verbis:*

> A transferência da obrigação para os avós não pode, nem deve fomentar a ociosidade, nem tampouco o comodismo, quer pela imoralidade que configuraria a hipótese, quer pela flagrante injustiça se, como vimos, os idosos têm direito a vivenciar a velhice com tranqüilidade e sossego.[315]

Ivone Coelho de Souza pondera que quando a discussão chega ao Poder Judiciário, as negociações familiares já estão esgotadas, a unidade desfeita, e posta uma disputa intergeracional, pois "as carências afetivas jazem encobertas pelas econômicas".[316]

Atribuir aos avós uma obrigação maior do que lhes compete contraria o artigo 21 do ECA[317], que determina que o pátrio poder será exercido em igualdade de condições pelo pai e pela mãe, e o artigo 22,[318] que dispõe que aos pais incumbe o dever de sustento, guarda e educação dos filhos menores. No mesmo sentido a orientação do Enunciado n° 342 do CJF,[319] aprovado na IV jornada de Direito Civil.[320]

---

[315] LEITE, Eduardo de Oliveira. Prestação alimentícia..., p. 75.

[316] SOUZA, Ivone Maria Coelho de. Papéis avoengos..., p. 177-178. A autora é psicóloga.

[317] Art. 21. O pátrio poder será exercido, em igualdade de condições, pelo pai e pela mãe, na forma do que dispuser a legislação civil, assegurado a qualquer deles o direito de, em caso de discordância, recorrer à autoridade judiciária competente para a solução da divergência.

[318] Art. 22. Aos pais incumbe o dever de sustento, guarda e educação dos filhos menores, cabendo-lhes ainda, no interesse destes, a obrigação de cumprir e fazer cumprir as determinações judiciais.

[319] Enunciado 342. Observadas as suas condições pessoais e sociais, os avós somente serão obrigados a prestar alimentos aos netos em caráter exclusivo, sucessivo, complementar e não solidário, quando os pais destes estiverem impossibilitados de fazê-lo, caso em que as necessidades básicas dos alimentandos serão aferidas, prioritariamente, segundo o nível econômico-financeiro dos seus genitores.

[320] As Jornadas de Direito Civil são promovidas pelo Conselho da Justiça Federal CJF há alguns anos, e se constituem em importantes acontecimentos culturais na área do direito privado. Os enunciados, que servem como orientação para o entendimento de determinados artigos do Código Civil, são elaborados por comissões de trabalho compostas por especialistas – professores universitários e operadores do Direito, que têm como Coordenador científico o ministro aposentado do Superior Tribunal de Justiça, Ruy Rosado de Aguiar Júnior. A IV Jornada foi realizada no ano de 2006.

Os conceitos de "necessidade" e "possibilidade" não podem vir dissociados da noção de "obrigatoriedade". Os avós podem manter um padrão de vida elevado, e, realmente ter "possibilidade" de alcançar alimentos aos netos que estão em situação de "necessidade". No entanto, não se pode descuidar dos limites da obrigação avoenga, nem esquecer que os avós *não* têm a obrigação de proporcionar aos netos o mesmo padrão de vida deles, os avós.[321] Os netos é que devem viver de acordo com o padrão de seus próprios pais![322]

Poder arcar não significa *dever arcar*! E aí, nesse equívoco, se encontra o cerne do imenso problema em nosso Direito de Família atual: os limites da obrigação avoenga.

Seja no Judiciário, seja entre os doutrinadores, a cada vez que postos em confronto interesses de um neto e interesses de um avô, evoca-se o *princípio do melhor interesse da criança;* e mesmo que o pai seja omisso, relapso, não proporcione o necessário ao filho porque não quer, mesmo que o avô esteja sobrecarregado de encargos econômicos, mesmo que tenha que renunciar a sua sonhada viagem ao exterior, planejada durante décadas de trabalho, a tendência é concluir que "a criança não pode ser prejudicada", e, mais uma vez, o peso da responsabilidade recai sobre os avós, que terão que

---

[321] Embargos Infringentes n. 70003909363, da lavra do emérito Desembargador LUIZ FELIPE BRASIL SANTOS, que contou com a seguinte ementa: EMBARGOS INFRINGENTES. ALIMENTOS. OBRIGAÇÃO DOS AVÓS. A obrigação alimentar dos avós é excepcional, somente se configurando quando absoluta a impossibilidade dos genitores, o que não ocorre na hipótese. Os netos não têm direito ao padrão de vida dos avós. Acolheram os embargos.

[322] APELAÇÃO CÍVEL. ALIMENTOS. OBRIGAÇÃO AVOENGA. 1. A obrigação de pagar alimentos *recai nos parentes mais próximos em grau, inicialmente em linha reta ascendente, uns em falta de outros* (art. 1.696 do CCB). Desta forma, tratando-se de alimentos postulados a avó, é preciso averiguar se as condições de que desfrutam ambos os genitores inviabilizam o atendimento minimamente adequado das necessidades da alimentanda, sendo certo, outrossim, que esta não tem direito a desfrutar de eventual padrão de vida que a progenitora lhe possa proporcionar, devendo ficar restrito ao que é possível dispor com a renda de pai e mãe. Assim, para a condenação da avó ao pagamento de pensão, não basta prova de que o genitor não está cumprindo sua obrigação alimentar, devendo, também, ser provado que a genitora não dispõe de condições financeiras para proporcionar o mínimo para uma vida digna para a alimentanda. Negaram provimento. Unânime. n° 70016748758.

abdicar de seu conforto, de seus sonhos, de seus próprios projetos de vida.

Em marcante julgamento de alimentos contra a avó, examinando pedido de criança com 11 anos de idade, contando a mãe com 25 anos, o voto vencedor culpa a sociedade por ter a adolescente engravidado, responsabiliza os avós à prestação alimentar e sustenta que "o não-reconhecimento da obrigação dos ascendentes acaba gerando esse mal social tão significativo, a que a justiça precisa atentar de uma maneira mais de perto".[323]

Examinando esse voto, diverge-se do seu fundamento, na esteira do voto vencido, pois é temerário e simplista atribuir culpa das mazelas à sociedade. Além disso, admitindo-se (somente para argumentar) que a "culpa" é da sociedade, quem deveria responder em nome da "sociedade" não seriam os avós, mas quem representa a sociedade, por previsão constitucional:[324] o Estado.

2. A BUSCA DO EQUILÍBRIO ENTRE A DIGNIDADE DO IDOSO, DA CRIANÇA, E DO ADOLESCENTE

Postos em confronto os direitos da criança e do idoso, qual a prevalência? De que forma não ferir o direito constitucional da dignidade de cada um desses componentes da relação processual?

É necessário que se busque um critério de equilíbrio entre o princípio fundamental da dignidade do idoso e o princípio fundamental da dignidade da criança, do adolescente e do jovem para auxiliar na delimitação da obrigação alimentar dos avós.

Enquanto já no final do século XIX a criança e o adolescente absorviam o foco da Psicologia, somente a partir da década de 1950 assuntos da idade adulta e da velhice passaram a despertar seu in-

---

[323] Voto da Desa. Maria Berenice Dias, que foi acompanhada pelo Desembargador José Carlos Teixeira Giorgis, resultando na ementa: "Não estando o genitor atendendo ao pagamento dos alimentos em favor do filho, tal encargo deve ser assumido pelos avós paternos, principalmente levando-se em conta que o neto é fruto de uma gravidez na adolescência". Apelo provido em parte por maioria, vencido o Relator Des. Luiz Felipe Brasil Santos. AC nº 70011594801, 7ª C.C. TJRS..

[324] Vide artigo 227 da Constituição da República Federativa do Brasil.

teresse.[325] Hoje, o idoso, a criança e o adolescente buscam ver sua dignidade preservada e protegida constitucionalmente.

Os pais envelhecem, e os filhos, mais tarde, também. Os pais se tornam avós, e os filhos se tornam pais.

A expectativa de vida aumentou consideravelmente. Melhorou a qualidade de vida, aumentou a longevidade. A tecnologia, a medicina – sobretudo a descoberta da penicilina na primeira metade do século XX – colaboraram fortemente para essa mudança.

2.1. A dignidade como direito fundamental da criança e do idoso

É necessário que se tenha com muita clareza a premissa básica da superioridade hierárquica dos princípios e valores da Constituição de 1988 sobre a legislação infraconstitucional. A dignidade humana é um dos cinco preceitos da Constituição, conforme art. 1º, inc. III, e mesmo o seu próprio sustentáculo. A Constituição de 88 criou um *sistema especial de proteção dos direitos fundamentais de crianças e adolescentes*, protegendo a dignidade dessas pessoas especiais, por meio de uma especificação, uma particularização do sistema constitucional dos direitos fundamentais do cidadão.[326] Essa proteção foi estendida aos jovens, pela Emenda Constitucional nº 66, de 13 de julho de 2010.[327]

---

[325] SOUZA, Ivone Maria Coelho de. Papéis avoengos... p. 165-181. A Autora, gaúcha, é psicóloga, psicoterapeuta, especialista em Psicologia Clínica e Psicologia Jurídica, e autora de artigos de Psicologia Jurídica em Direito de Família.

[326] NERY JÚNIOR, Nelson; MACHADO, Martha de Toledo. O estatuto da criança e do adolescente e o novo código civil à luz da constituição federal: princípio da especialidade e direito intertemporal. *Revista de Direito Privado*, São Paulo, v.3, n.12, p. 14-15, out./dez. 2002.

[327] Altera a denominação do Capítulo VII do Título VIII da Constituição Federal e modifica o seu art. 227, para cuidar dos interesses da juventude. Art. 1º. O Capítulo VII do Título VIII da Constituição Federal passa a denominar-se "Da Família, da Criança, do Adolescente, do Jovem e do Idoso. Art. 2º. O art. 227 da Constituição Federal passa a vigorar com a seguinte redação: "Art. 227. É dever da família, da sociedade e do Estado assegurar à criança, ao adolescente e ao jovem, com absoluta prioridade, o direito à vida, à saúde, à alimentação, à educação, ao lazer, à profissionalização, à cultura, à dignidade, ao respeito, à liberdade e à convivência familiar e comunitária, além de colocá-los a salvo de toda forma de negligência, discriminação, exploração, violência, crueldade e opressão. (...) § 8º A lei estabelecerá: I – o estatuto da juventude, destinado a regular os direitos dos jovens; (...)

Esse sistema especial se funda no *princípio constitucional de respeito à peculiar condição de crianças e adolescentes de pessoa em desenvolvimento* com fundamento no paradigma da proteção integral. Os atributos da personalidade infanto-juvenil têm conteúdo distinto daquele relativo à personalidade adulta, e essa distinção repousa exatamente na *vulnerabilidade* da criança e do adolescente em comparação com o adulto. Dessa forma, e em razão do princípio da igualdade, no entender de Nelson Nery Júnior e Martha de Toledo Machado, esse sistema especial de proteção instituído pela Constituição de 88 apresenta a característica de conceder uma gama maior de direitos fundamentais a toda criança e adolescente, que passaram a gozar de direitos fundamentais *exclusivos*, somados aos direitos fundamentais dos adultos.[328] Assim, cabe à família, à sociedade e ao Estado a obrigação prioritária comissiva de assegurar tais direitos às crianças, aos adolescentes e aos jovens, conforme artigo 227 da CF.

O motivo fundamental dessa proteção especial é que as crianças e os adolescentes ainda não se encontram com sua formação completa, estão em desenvolvimento, não atingiram suas potencialidades, tanto no campo físico como psíquico, motor, endócrino, intelectual, cognitivo, moral e social. Sua situação fática é especial, e de maior vulnerabilidade; sua força é menor que a dos adultos; suas potencialidades e sua capacidade também. Por isso, necessitam da proteção especial que lhes é outorgada pela Constituição Federal, agora também estendida aos jovens.

É exatamente a "vulnerabilidade", conforme Nery Júnior e Machado, que

> a) *distingue* crianças e adolescentes de outros grupos de seres humanos simplesmente *diversos* da noção de *homo médio*; b) *autoriza* e *opera* a *aparente* quebra do *princípio da igualdade* – porque são portadores de uma desigualdade inerente, intrínseca, o ordenamento confere-lhes tratamento mais abrangente como forma de equilibrar a *desigualdade de fato* e atingir a *igualdade jurídica material* e não meramente formal – por meio de "processo de especificação do genérico" no qual se realiza o respeito à máxima *suum quique tribuere*.[329]

---

[328] NERY JÚNIOR, Nelson; MACHADO, Martha de Toledo. O estatuto da criança..., p. 16.

[329] NERY JÚNIOR, Nelson; MACHADO, Martha de Toledo. O estatuto da criança..., p. 18.

A Constituição do Brasil valoriza o princípio da dignidade da pessoa humana, declara a igualdade entre homem e mulher, e dá especial atenção para a família, a criança, o adolescente e o idoso, consagrando o princípio da *igualdade*.[330]

A criança, o adolescente e o jovem receberam a atenção através de preceito especial, da Constituição Federal, notadamente pelo art. 227 que lhes assegura com absoluta prioridade o direito à alimentação.[331]

O idoso, por sua vez, também foi alvo de especial atenção, sendo que o art. 230 determina que a família, a sociedade e o Estado garantam a sua dignidade.[332]

O princípio da *dignidade* é mais destacado por sua ausência do que por sua existência. No entender de Ingo Sarlet, constitui-se na

> [...] qualidade intrínseca e distintiva de cada ser humano que o faz merecedor do mesmo respeito e consideração por parte do Estado e da comunidade, implicando, neste sentido, um complexo de direitos e deveres fundamentais que assegurem a pessoa tanto contra todo e qualquer ato de cunho degradante e desumano, como venham a lhe garantir as condições existenciais mínimas para uma vida saudável, além de propiciar e promover sua participação ativa e co-responsável nos destinos da própria existência e da vida em comunhão com os demais seres humanos.[333]

Os cuidados com o idoso e com a criança passaram a integrar pela primeira vez a Constituição brasileira no ano de 1988. Essa preocupação está muito presente na Europa, notadamente na Itália, que de uma forma muito especial se preocupa com o envelhecimento de sua população,[334] o que leva o país a buscar e definir os direitos dos anciões.

---

[330] Art. 5º Todos são iguais perante a lei, sem distinção de qualquer natureza, garantindo-s aos brasileiros e aos estrangeiros residentes no País a inviolabilidade do direito à vida, à liberdade, à igualdade, à segurança e à propriedade, nos termos seguintes: I – homens e mulheres são iguais em direitos e obrigações, nos termos desta Constituição; II – ninguém será obrigado a fazer ou deixar de fazer alguma coisa senão em virtude de lei;

[331] Vide Nota 227.

[332] Artigo 230. A família, a sociedade e o Estado têm o dever de amparar as pessoas idosas, assegurando sua participação na comunidade, defendendo sua dignidade e bem-estar e garantindo-lhes o direito à vida.

[333] SARLET, Ingo Wolfgang. *Dignidade da pessoa humana e direitos fundamentais na constituição federal de 1988*. Porto Alegre: Livraria do Advogado, 2010, p. 70.

[334] COMANDÉ, Giovanni. *Diritto privato europeo e diritti fondamentali*: saggi e ricerche. Torino: G. Giappichelli, 2001, p. 214.

No ordenamento jurídico *italiano*, o sistema governamental prevê uma pensão social ao maior de 65 anos desprovido de rendas, como tutela do tipo universal.[335] Ao idoso, lá se doa, e não se tira, haja vista a responsabilidade limitada que lhe é atribuída com relação aos netos.

A condição do ancião, mesmo autossuficiente, merece atenção constitucional seja com relação à saúde, à dignidade, à igualdade, à segurança social. A pessoa idosa, seja em razão de sua fragilidade física, seja da possível dependência de cuidados prestados por terceiros, deve ser destinatária de uma tutela particularmente especial por parte da carta constitucional, tutela essa traduzida em resposta a um ordenamento pela promoção dos direitos fundamentais dos idosos.[336]

A ausência de autossuficiência não significa inabilidade; enquanto a primeira é graduável e atende à esfera da vida quotidiana da pessoa, a inabilidade é um conceito absoluto, que se refere à falta de atitude do sujeito para desenvolver qualquer atividade laborativa.[337]

A dignidade como qualidade intrínseca da pessoa humana é irrenunciável e inalienável, e violada sempre que ela é tratada como objeto, seja por outro ou por ela mesma.[338] Quando a mulher que busca alimentos tem condições de prover o seu próprio sustento, mas prefere ficar sendo mantida economicamente por ex-marido, como se fosse inferior a ele em condições de prover a sua mantença, ela está renunciando à sua própria dignidade, trocando-a por dinheiro.[339] Prefere suplicar em juízo, atestando uma fictícia

---

[335] COMANDÉ, Giovanni. *Diritto privato europeo...*, p. 216.

[336] COMANDÉ, Giovanni. *Diritto privato europeo...*, p. 217.

[337] Tradução livre da autora do original: "Non autosufficienza non é sinônimo de inabilita: mentre la prima è graduabile ed attiene allá sfera della vita quotidiana della persona, l'inabilitá è um concetto assoluto che si riferisce allá mancata attitudine del soggetto a svolgere uma qualsiasi attività lavorativa." COMANDÉ, Giovanni. *Diritto privato europeo...*, p. 215.

[338] SARLET, Ingo Wolfgang. *Dignidade da pessoa...*, p. 49.

[339] Na concepção de Rosana Fachin, "[...] há avanços e recuos no reconhecimento real e efetivo da dignidade da condição feminina. O debate sobre a pretensão de ser pessoalmente pensionada sem uma necessidade real e a discussão acerca da manutenção do nome pela mulher casada, após a separação, são exemplos de contradições encontráveis nas lides forenses a respeito". FACHIN, Rosana Amara Girardi. *Em busca da família...*, p. 133.

inferioridade. Insiste na inferioridade, cria situações para sustentar essa ideia. Submete-se à humilhação de esmolar, mesmo sem necessitar. Assim quando pleiteia alimentos em nome do filho, sem necessitar, contra os avós paternos. O ser humano deve se portar de forma digna, inclusive consigo mesmo – embora nem todos o façam. Porém, o comportamento contrário a essa dignidade não exclui seu agente de ser reconhecido como pessoa com igualdade em dignidade humana.[340]

Quando a dignidade é violada, cumpre ao Estado, com seu poder de polícia, intervir e preservá-la, mesmo que atacada pelo próprio sujeito de direito.[341] O Estado, com seu poder de polícia, através de um dos seus poderes, o Judiciário, deve se manifestar expressamente face à coisificação de quem pede alimentos de forma vil. Utilizar o filho como instrumento de vingança ou comodidade, submeter-se a uma vexatória e inexistente situação de inferioridade, são manifestações explícitas de uagressão à dignidade pessoal. Estimular a parte requerente, via de regra representada por uma mulher, a desenvolver a sua própria dignidade através do trabalho é uma forma eficaz de participação do Estado. O exercício de atividade laborativa afasta o ócio e desestimula o comodismo.

Também pelo prisma objetivo, face à dignidade de terceiro atingida, ou seja, do demandado na desnecessária e fraudulenta ação de alimentos, deve o Estado intervir. O homem, após o fim do casamento ou da união estável, não pode levar sobre seus ombros, desnecessariamente a ex-mulher, como um peso, pelo resto de seus dias, de forma a prejudicar seu próprio crescimento e impedindo o desenvolvimento de sua vida. E uma mulher sã, em perfeitas con-

---

[340] SARLET, Ingo Wolfgang. *Dignidade da pessoa...*, p. 52.
[341] Narra Ingo Sarlet que o Conselho Estadual da França acolheu decisão do prefeito da comunidade de Morsang-sur-Orge em determinar interdição de casa de diversão que promovia espetáculos nos quais anões eram lançados como objetos de um lado ao outro do estabelecimento. Vencia o frequentador que conseguisse arremessar mais longe um anão. O Conselho considerou correta a decisão do prefeito em suspender os espetáculos, e reformou a decisão do Tribunal Administrativo que havia anulado a decisão do Prefeito, pois considerou ofensa à dignidade da pessoa humana – elemento integrante da ordem pública – os "campeonatos de anões", sendo irrelevante o fato de que os anões participavam voluntariamente do espetáculo, pois a dignidade é um direito irrenunciável e não suscetível a comércio. SARLET, Ingo Wolfgang. *Dignidade da pessoa...*, p. 124.

dições de trabalho, deve buscar uma forma de sustentar a seu próprio filho, ao invés de, desde logo, demandar os avós.

Ao mesmo tempo que o princípio da dignidade da pessoa impõe limites à atuação estatal, objetivando a impedir que o poder público venha a violar a dignidade pessoal, também implica que o Estado deverá ter como meta permanente proteção, promoção e realização concreta de uma vida com dignidade para todos. A dignidade da pessoa constitui não apenas a garantia negativa de que a pessoa não será objeto de ofensas ou humilhações, mas também a garantia positiva do pleno desenvolvimento da personalidade de cada indivíduo.[342]

Os idosos são objeto de cuidados constitucionais muito especiais. E deve ser destacado que quando trata da família, em capítulo especial, a Constituição Federal "reconheceu o princípio da solidariedade nas relações familiares, incumbindo os pais do dever de ampararem os filhos menores e estes ampararem aqueles na velhice, carência ou enfermidade". Como desdobramento natural do princípio da solidariedade, a família, a sociedade e o Estado têm o dever de amparar as pessoas idosas, assegurando sua participação na comunidade, defendendo sua dignidade e bem-estar e garantindo-lhes o direito à vida (art. 230, CF).[343]

Conforme o *direito italiano,* o idoso não é titular de um "direito especial", mas destinatário de uma tutela particular destinada a cada sujeito de forma implícita, de maneira que não corra riscos de inferiorização ou violação de direitos.[344] Da mesma forma, a criança e o adolescente. Se considerados todos os sujeitos de um determinado estado merecedores de proteção, não haveria conflitos aparentes de dignidades. Não se estaria a medir "qual a dignidade maior", até porque não existe "maior" ou "menor", mas tão

---

[342] SARLET, Ingo Wolfgang. *Dignidade da pessoa...*, p. 126.
[343] SENA, Eduardo Cunha Alves de; CHACON, Paulo Eduardo de Figueiredo. Tutela constitucional da...
[344] LA CARTA DE NIZZA Carta di diritti fondamentali dell'Unione Europea 07 dicembre 2000: ROSSI, L. S.; A. RIZZO. "L'anziano non risulta titolare di *diritti speciali*, ma soltanto destinatário di uma particolare tutela per la realizzazone di posizioni soggetive riconosciute ad ogni sogetto in modo implícito, e che vengono esplicitate dall'art. 25 proprio in considerazione del particolare rischio di minorazione o violazione cui si trova esposto il loro titolare." COMANDÉ, Giovanni. *Diritto privato europeo...*, p. 225.

somente, "dignidade" do ser humano. E, enquanto seres humanos, todos são merecedores de consideração, e destinatários da equidade, da justiça e da igualdade.

Poderá, então, ocorrer aparente conflito direto entre dignidades de pessoas diversas, como o conflito entre as dignidades de quem pede os alimentos e a de quem os alcança. Torna-se, então, imperioso hierarquizar axiologicamente, mas sem que uma "dignidade" prevaleça sobre a outra. A interpretação sistemática do direito vem em auxílio de uma adequada, atualizada e tópica conceituação de *necessidade* alimentar. Como ensina Capelo de Souza, é preciso identificar e legitimar "o menor de dois males".[345]

2.1.1. A positivação do princípio da dignidade no ECA e no Estatuto do Idoso

O Estatuto do Idoso e o ECA dispõem sobre a dignidade como direito fundamental da criança, do adolescente e do idoso, a proteção integral que lhes deve ser dedicada em virtude de sua situação de vulnerabilidade, e o princípio do melhor interesse de cada um deles.

A Convenção Internacional sobre os direitos da Criança, ratificada pelo Brasil em, setembro de 1992, se sustenta em quatro pilares fundamentais sobre os quais se relacionam todos os outros direitos das crianças.[346]

1) a não discriminação; 2) o interesse superior da criança; 3) a sobrevivência e desenvolvimento; 4) a opinião da criança.

Aída Kemelmajer de Carluci sustenta que pela convenção dos Direitos da Criança é possível peticionar alimentos diretamente aos avós com condições, sem necessidade de considerar essa obrigação como subsidiária da paterna, e sem necessidade da prova de que o pai não tem bens suficientes.[347] Dessa forma, a jurista atribui

---

[345] CAPELO DE SOUZA, Rabindranath Valentino Aleixo. *O direito geral de personalidade*. Coimbra: Ed. Coimbra, 1995, p. 553.

[346] FUNDO DAS NAÇÕES UNIDAS PARA A INFÂNCIA. *Direitos das Crianças*. Disponível em: <http://www.unicef.pt/artigo.php?mid=18101111&m=2>. Acesso em: 11 out. 2009.

[347] "Otros ejemplos más cercanos a nuestra realidad muestran fácilmente el auxilio que los instrumentos internacionales prestan al mejor ejercicio de los derechos de los más débiles. Así, por ej., la Convención de los Derechos del Niño ha sido

o mesmo grau de responsabilidade alimentar tanto aos avós quanto aos pais.

Em sentido contrário, Eduardo Julio Pettigiani[348] faz diversos questionamentos: se o "interesse superior" do menor *é* superior a todo outro interesse; qual o alcance desse interesse superior; onde sua inserção dentro do jogo de interesses tutelados pelo direito; qual sua ordem de preferência em relação a todos esses direitos. Pondera o autor que, afinal, o interesse do menor não é o único que merece atenção no mundo do direito, pois também a Família e o Estado têm interesses a serem tutelados, e de fundamental importância. O interesse particular pode entrar em rota de colisão com outros interesses também relevantes, como o difuso e o coletivo! No entanto, afirma o autor, trata-se de *aparentes conflitos*.[349]

No Brasil, uma gama de leis e projetos que, na verdade, contemplam caso a caso cada um dos segmentos da população, e têm mais caráter terapêutico do que preventivo, num sistema mais retrospectivo do que prospectivo. Se a legislação brasileira oferecesse a proteção necessária aos cidadãos, não haveria necessidade de ser criado um Estatuto após o outro.

A PEC da Juventude[350] propunha que, ao lado das crianças e adolescentes, e dos idosos, os jovens até 29 anos fossem prioridade para o Estado e a sociedade. Como decorrência, foi aprovada modificação da Constituição em julho de 2010,[351] estendendo a prote-

---

utilizada como pauta interpretativa para peticionar alimentos directamente a los abuelos solventes, sin necesidad de considerar a esta obligación como subsidiaria de la paterna y, consecuentemente, sometida a la prueba de que el padre carece de bienes.". Vale-se a festejada jurista argentina, para sua interpretação, de artigo de MORELLO, Augusto; MORELLO DE RAMÍREZ, María S. La obligación alimentaria de los abuelos ante la Convención sobre los derechos del niño. *Revista Jurisprudencia Argentina*, n. 6122, p. 2, 30 dec. 1998.

[348] ÉTTIGIANI, Eduardo Julio. E interes superior del menor es superior a todo outro interes? In: CONGRESO INTERNACIONAL DE DERECHO DE FAMÍLIA, 10., 1998, Mendoza. *El derecho de família y los nuevos paradigtmas*: Ponencias. Mendoza: Comision II, set. 1998, p. 1.

[349] ÉTTIGIANI, Eduardo Julio. E interes superior..., p. 23.

[350] SUBSTITUTIVO À PROPOSTA DE EMENDA À CONSTITUIÇÃO Nº 138-A, DE 2003. Altera a denominação do Capítulo VII do Título VIII da Constituição Federal e modifica o seu art. 227.

[351] Vide nota 319.

ção da criança e adolescente também ao jovem, e determinando a criação do Estatuto do Jovem.

Se para cada segmento deve haver uma "proteção", tem-se um claro indicativo de que, de fato, não existe proteção para nenhum cidadão comum. Como bem afirmado por um magistrado, "quem prioriza tudo, criança, adolescente, idoso, e agora jovem, na verdade nada prioriza".[352] E é essa a realidade jurídico-legal brasileira. No entanto, conforme Heloisa Helena Barbosa, a garantia da igualdade de todos perante a lei ganhou consistência com a proteção especial das pessoas "desiguais", como o consumidor, a criança, o adolescente, os homossexuais, os doentes, e outros grupos ditos "minoritários", entendendo assim os grupos que, independentemente da expressão numérica se encontram em situação de desigualdade.[353] Podem-se acrescentar a esse rol os afrodescendentes, os índios, e também os idosos.

Os idosos se tornam pessoas verdadeiramente desiguais em virtude do processo de envelhecimento, cujos diferentes estágios vão alterar de maneira significativa sua situação existencial ou patrimonial. Da mesma forma que a criança e o adolescente, o idoso se encontra em situação na qual a vulnerabilidade é potencializada, mas um e outro "caminham em direção oposta, sendo inversamente proporcionais a suas necessidades".[354] A vulnerabilidade do idoso tem características próprias, pois enquanto a criança e o adolescente estão em processo de reconhecimento de sua autonomia, o idoso necessita da força da lei para mantê-la, "ante a constante ameaça de sua negação, se não a sua subtração, no confronte de sua natural e crescente fragilidade com as complexas exigências da vida".[355]

Em Costa Rica, país que sediou o Pacto de San José, a obrigação dos avós para com os netos está prevista no Código de Família, mas de forma incipiente, tão somente em um artigo.[356] Inicia dispondo a respeito da obrigação dos irmãos, para em seguida men-

---

[352] CEZAR, José Antônio Daltoé. Noticiário..., p. 12.
[353] BARBOZA, Heloisa Helena. O princípio do melhor..., p. 60.
[354] BARBOZA, Heloisa Helena. O princípio do melhor..., p. 65.
[355] BARBOZA, Heloisa Helena. O princípio do melhor..., p. 65.
[356] Artigo 169 do Código de Família de Costa Rica: ver Nota nº 265.

cionar os avós. A Jurisprudência é que tem decidido a respeito, com dois votos da Sala Constitucional, de caráter vinculante.[357]

No Brasil, os direitos fundamentais do idoso – acima de 60 anos[358] – e da criança (até 12 anos incompletos) e do adolescente (de 12 anos completos até 18 anos)[359] – se encontram positivados em leis especiais, vigentes,[360] que consolidam o preceito constitucional da Carta de 1988.

A criança e o adolescente têm seus direitos resguardados na Lei n° 8.069, de 13 de julho de 1990, o Estatuto da Criança e Adolescente, denominada de ECA, e o idoso recebeu proteção especial através da Lei n° 10.741, de 1° de outubro de 2003, denominada de Estatuto do Idoso. O § 8° do art. 227 da Constituição Federal, determina que a lei estabelecerá o estatuto da juventude, destinado a regular os direitos dos jovens.

Ao proteger criança, adolescente, e o idoso, o legislador aparentemente "arranha" o princípio da igualdade ao dispor em ambos os estatutos uma mesma prioridade, como se uma se opusesse à outra. No ECA, a determinação de prioridade é da criança e adolescente, ao passo que no Estatuto do Idoso, prevalece a prioridade do idoso. Dessa forma, tem-se objetivamente uma antinomia. E essa antinomia, essa aparente contradição – ou conflito de normas – deve ser bem compreendida. Afinal, se uma lei diz que é *absoluta* a prioridade da criança e do adolescente, e a outra diz que é *absoluta* a prioridade do idoso, é forçoso concluir que a prioridade de cada grupo etário é relativa.

O Estatuto da Criança e Adolescente – ECA –, dispõe no art. 4° que:

---

[357] Votos nos 2002-9692 y 2003-0589.

[358] Lei n° 10.741, de 1° de outubro de 2003: Art. 1° É instituído o Estatuto do Idoso, destinado a regular os direitos assegurados às pessoas com idade igual ou superior a 60 (sessenta) anos.

[359] ECA: Art. 2° Considera-se criança, para os efeitos desta Lei, a pessoa até doze anos de idade incompletos, e adolescente aquela entre doze e dezoito anos de idade. Parágrafo único. Nos casos expressos em lei, aplica-se excepcionalmente este Estatuto às pessoas entre dezoito e vinte e um anos de idade.

[360] "Uma teoria dos direitos fundamentais da Constituição alemã é uma teoria acerca de determinados direitos fudamentais positivos vigentes." ALEXY, Robert. *Teoria dos direitos...*, p. 32.

> [...] é dever da família, da comunidade, da sociedade em geral e do poder público assegurar, *com absoluta prioridade*, a efetivação dos direitos referentes à vida, à saúde, à alimentação, à educação, ao esporte, ao lazer, à profissionalização, à cultura, *à dignidade*, ao respeito, à liberdade e à convivência familiar e comunitária.

No Estatuto do Idoso, dispõe o art. 3º que:

> [...] é obrigação da família, da comunidade, da sociedade e do Poder Público assegurar ao idoso, *com absoluta prioridade*, a efetivação do direito à vida, à saúde, à alimentação, à educação, à cultura, ao esporte, ao lazer, ao trabalho, à cidadania, à liberdade, à dignidade, ao respeito e à convivência familiar e comunitária.

Constata-se que a redação do texto que dispõe sobre a criança e adolescente, e a que trata do idoso é a mesma, salvo poucas palavras, com expressões dispostas da mesma forma, igual concessão de direitos: são praticamente iguais, inclusive na especificação das garantias de prioridades de cada um dos grupos.

2.1.2. O "melhor interesse" da criança e do idoso

Assim como existe o princípio do "melhor interesse da criança", há o princípio do "melhor interesse do idoso".[361]

Também o idoso tem a proteção constitucional, que o faz merecedor de tutela especial, apesar de o tema não ter recebido da doutrina uma atenção maior. De forma que não se permite mais que seus direitos se mantenham em abstrato, mesmo que se criem instrumentos legais para que sejam positivados – o que já foi iniciado com o "Estatuto do Idoso", nos mesmos moldes do "Estatuto da Criança e do Adolescente", visando a uma proteção ao sujeito vulnerável.

Mas a lei, por si só, não basta. E muitas leis seriam sequer necessárias, pois repetitivas. Necessária é a efetivação do direito concedido. E o Estatuto do Idoso não tem se mostrado suficiente para efetivar proteção integral e especial às pessoas maiores de sessenta anos.[362]

A população dos idosos está crescendo mais do que a população das crianças, tendo em vista a hoje considerável longevidade.

O artigo 8º do Estatuto do idoso determina que o envelhecimento é um direito personalíssimo. A solidariedade, hoje consi-

---
[361] BARBOZA, Heloisa Helena. O princípio do melhor..., p. 57-71.
[362] BARBOZA, Heloisa Helena. O princípio do melhor..., p. 62-63.

derada princípio jurídico,[363] possibilita e assegura a realização de redefinição dos papéis dos idosos, descobertas de novos caminhos e potencialidades, renovando suas atitudes básicas para viver de modo prazeiroso, saudável e produtivo, preservando valores e estilos de vida, tendo alegria de viver, o que lhes confere qualidade de vida, sem o que fica comprometida sua dignidade.[364]

A qualidade de vida da pessoa, na medida em que envelhece, é fortemente determinada por sua habilidade de manter autonomia e independência, o que não se pode subtrai do idoso.

Com a atuação conjunta da família, da sociedade e do Estado, repartindo-se a obrigação de proteção e resguardo da pessoa idosa, segundo o princípio constitucional da solidariedade, através de ações afirmativas, e com a imprescindível participação do Poder Judiciário, que supre as lacunas e corrige os excessos, é que se poderá atender aos preceitos constitucionais de direitos fundamentais da pessoa idosa. E não se trata dos alimentos a serem recebidos pelos idosos, mas sim de que eles, os idosos, deverão ser poupados de pagar alimentos indevidamente aos netos, deverão ser isentados de responsabilidades que não são suas, mas dos pais, pois a obrigação alimentar dos avós deve ser lida dentro dos limites necessários, pois não são os avós os detentores do dever de sustento com relação aos netos. Ademais, as necessidades e as possibilidades devem ser ponderadas, de forma a que não preponderem as necessidades dos netos em detrimento das possibilidades dos avós.

Os idosos, além das dificuldades físicas, psíquicas, sociais e culturais que naturalmente decorrem do envelhecimento, não devem se sentir, além de relegados a um plano secundário, tanto na família como na sociedade, ainda explorados economicamente por sua própria família, e muito menos por meio do Poder Judiciário.

2.2. A peculiar ponderação entre necessidade e possibilidade na delimitação da obrigação avoenga

O juiz não é neutro: o juiz que diz que o seu julgamento é neutro está assumindo valores de conservação. Toda sentença é mar-

---
[363] LOBO, Paulo. *Famílias...*, p. 39.
[364] BARBOZA, Heloisa Helena. O princípio do melhor..., p. 69.

cada por valores.[365] O Direito é também e principalmente decisão axiológica ou escolha.[366] A jurisprudência não foge a julgamentos de valor, pois a alternativa escolhida, em algum sentido, é melhor que a outra.[367]

Onde e até que ponto são necessários os julgamentos de valor, como se relacionam com os argumentos designados como "especificamente jurídicos" e a dogmática, e como esses julgamentos de valor podem ser racionalmente fundamentados ou justificados, são questionamentos de Alexy. Há quem afirme que os julgamentos de valor impliquem avaliações morais, mas Alexy os entende apenas como "moralmente relevantes".[368]

Para Gadamer, a realidade ontológica da imagem se fundamenta na relação ontológica entre original e cópia.[369]

A lógica formal, silogística e aparentemente sistêmica parte de uma verdade sem questionar sua veracidade, sua origem e suas consequências, e não dá conta do fenômeno jurídico em toda sua complexidade e extensão.[370]

Qual a relação dessas filosofias com o tema em questão? Simples.

Quando uma mulher busca alimentos alegando "necessidade", pode ser que realmente ela não tenha dinheiro para pagar o aluguel, nem para abastecer seu carro. Pede ao pai, ao ex-marido. Pode ela realmente ter a "falta" de alimentos, e por isso, objetivamente, extrinsecamente, se evidencia de fato a "necessidade". No entanto, pode ocorrer que, examinando o aspecto intrínseco, a veracidade, o caso em questão, se constate que a mulher não queria trabalhar por opção, preferia pedir, era mais fácil e cômodo, e a sua necessidade é resultado da sua própria inércia.

Quando os alimentos são direcionados aos avós, o são, via de regra, porque o pai, separado da mãe, não os alcança por omissão.

---

[365] PORTANOVA, Rui. *Motivações ideológicas da sentença*. 4. ed. Porto Alegre: Livraria do Advogado, 2000, p. 72-74.

[366] FREITAS, Juarez. *A interpretação sistemática do direito*. São Paulo: Malheiros, 1995, p. 30.

[367] ALEXY, Robert. *Teoria da argumentação jurídica*. São Paulo: Landy, 2001, p. 20-21.

[368] ALEXY, Robert. *Teoria da argumentação...*, p. 20.

[369] GADAMER, Hans-George. *Verdade...*, p. 201.

[370] GADAMER, Hans-George. *Verdade...*, p. 103.

Então, a mãe, representando o filho, demanda contra os avós. Muitas vezes a mãe é uma mulher acomodada, que não queria trabalhar, que vivia sustentada pelo marido, que por sua vez estimulava o ócio da esposa.

Modificando-se a situação, o marido, até então "provedor", não mais sustenta o ócio da ex-esposa, nem alcança alimentos para o filho do casal. Então, está na hora de ela enfrentar a realidade, em vez de transferir a obrigação do pai para os avós paternos. Há obrigações decorrentes do papel de mãe, mas é mais cômodo demandar os avós paternos, tanto mais se eles gozam de uma boa situação econômica. E os tribunais, sensibilizados pela "falta" objetiva de condições, sem se aperceber que a "falta" é, naquela mulher, também de disposição para o trabalho, terminam por conceder alimentos, pois se não o fizerem as crianças é que sairão prejudicadas. Registre-se que não se trata, aqui, de mulheres de mais idade, aquelas de gerações passadas que nunca trabalharam e já estão em idade difícil de competir no mercado de trabalho, nem das que realmente não podem trabalhar por algum fundado motivo. Faça-se, isso sim, de mulheres com força de trabalho e plenas condições de manter a si e a seus filhos, faltando-lhes apenas um elemento essencial: a vontade para isso.

Analisada a questão sob o enfoque intrínseco, constata-se que a falta de alimentos é o resultado previsível para essa conduta omissiva. Essa mulher não tem nada porque não se dispõe a trabalhar para sustentar nem a si nem ao filho, embora tenha aptidão para o trabalho.

Então, nessas frequentes e reincidentes situações, são os avós que se veem espoliados, desfalcados, despatrimonializados, enquanto a nora resta ociosa, em casa, na frente da televisão, e sem hora para acordar.

Qual o papel do intérprete jurídico nesses casos que se repetem? Cabe ao intérprete jurídico harmonizar os melhores princípios e valores cultuados pela sociedade,[371] numa postura diferenciada para a solução dos novos conflitos de uma sociedade em constante mutação.[372]

---

[371] FREITAS, Juarez. *A interpretação sistemática...*, p. 171.

[372] "A complexidade das relações sociais, em geral, e das familiares, em especial, confere novos desafios ao Direito, e de conseqüência, à jurisprudência: os novos conflitos reclamam posturas diferenciadas.". FACHIN, Rosana Amara Girardi. *Em busca da família...*, p. 56.

Aponta Luís Afonso Heck dois caminhos como critérios de solução para a colisão de direitos fundamentais: os meios contidos no modelo das regras, e os meios contidos no modelo dos princípios. Defende que os meios contidos no modelo das regras e empregados para a solução de conflito de regras "mostram-se insatisfatórios para resolver colisão de direitos fundamentais".[373] Por outro lado, o meio oferecido pelo modelo dos princípios e utilizado para a solução de colisão de princípios é o adequado para resolver colisão de direitos fundamentais: trata-se da *ponderação*.

> Primeiro, porque a validade é conferida como qualidade a todos os direitos fundamentais; segundo, porque no caso concreto não é esta qualidade o critério de solução, mas, sim, o peso do direito fundamental, verificado segundo as circunstâncias presentes no caso concreto pelo princípio da proporcionalidade em sentido estrito, e terceiro o modelo dos princípios permite ainda a produção da concordância prática. A tarefa dela é coordenar proporcionalmente direitos fundamentais e bens jurídicos que limitam direitos fundamentais.[374]

Dessa forma, havendo colisão, as normas de direito fundamentais são ponderadas para verificar qual tem precedência, sem no entanto levar em consideração sua validade.. O modelo dos princípios oferece a vantagem de flexibilidade à Constituição, ganha em vinculatividade sem exigir o impossível, e "permite até a transformação do impossível em possível".[375]

Juarez Freitas indica dez regras básicas de hermenêutica jurídica passíveis de aplicação em todos os ramos do sistema objetivo. Para bem interpretar é necessário: sistematizar, hierarquizar, unificar, fundamentar, manejar o metacritério da hierarquização axiológica; sintetizar, relacionar, bem diagnosticar, concretizar a máxima justiça possível, aperfeiçoar.[376]

O que se evidencia – com exceções – nos embates alimentares com avós é uma preponderância equivocada das necessidades dos netos, em detrimento das necessidades dos avós. Entre os dois polos, os netos costumam levar vantagem.

Muito dificilmente os netos recebem uma negativa do Poder Judiciário. Se não obtêm a integralidade do pedido, sua preten-

---

[373] HECK, Luís Afonso. O modelo das regras..., p. 76.
[374] HECK, Luís Afonso. O modelo das regras..., p. 76.
[375] HECK, Luís Afonso. O modelo das regras..., p. 77.
[376] FREITAS, Juarez. *A interpretação sistemática...*, p. 176-181.

são é parcialmente acolhida. Fixando um percentual considerado como "módico", de certa forma o julgador se autoliberta de qualquer sentimento de injustiça, pois nem deixou de atender ao pedido do neto, nem "sobrecarregou" os avós.

No entanto, nesse agir ele está invadindo a privacidade dos avós, impedindo seus sonhos e aspirações de muitos anos, pois mesmo lhes impondo um percentual mínimo sobre seus rendimentos (aposentadoria, no mais das vezes), esse (nem sempre) "simbólico" (sic!) percentual pode ser exatamente o que eles, os avós, reservariam para seus entretenimentos, seus passeios, seu lazer.

E nessa equivocada preponderância da necessidade dos netos, mesmo que não vitais, para o supérfluo, para um melhor padrão de vida dos netos – lazer, recreação, passeios, viagens, academia, tênis de marca, balê, judô – resulta que são os avós que ficam sem o seu lazer, sem seus passeios, sem suas águas termais, sem seu cinema, sem seus bailes de terceira idade! E isso é injusto, ilegal e imoral!

Conclusão

O povo brasileiro é reconhecido por sua hospitalidade, por seu calor humano. A afetividade é a marca que remonta a suas origens, a sua história. Por mais que os legisladores e suas leis tentem materializar o sentimento desse povo, o afeto não se cala.

E o resultado é uma situação paradoxal. De um lado, as evidências da patrimonialização do direito de família se revelam pela intervenção excessiva do Estado. É o que ocorre no instituto da União Estável, que perdeu seu caráter informal para se enquadrar, sem opção, na lei; e também na questão sucessória, que assumiu íntima relação com o regime matrimonial, incluindo o cônjuge como herdeiro necessário sem possibilidade de exceção – a não ser por indignidade, o que atinge a todos os herdeiros indistintamente. E é o que ocorre também nas relações entre avós e netos, em que os avós são chamados a exercer um papel que, do ponto de vista econômico, não é seu.

Por outro lado, em uma evidência de personalização do direito de família, as uniões não mais precisam se perpetuar sem amor, havendo a possibilidade legal do divórcio e reestruturação da família, do que resultaram as famílias reconstituídas. E têm-se os avós como os agentes perenes mais significativos de manifestações de afetividade, mas que muitas vezes se veem impedidos de demonstrar seu afeto em virtude das imposições econômicas substitutivas que lhe pesam indevidamente sobre os ombros.

A família atual, globalizada, está composta por três ou mais gerações. Em muitas situações, é a geração mais velha que sustenta, voluntariamente, todos os membros da família, ao invés de ser sustentada pelos filhos e netos.

A convivência de muitas gerações traz consigo vantagens e desvantagens. Avós, filhos e netos podem demonstrar ao mesmo tempo sua capacidade produtiva. A família multigeneracionista, que surgiu da esperança e concretização de longevidade, permite a convivência simultânea das gerações que vivem o "tempo dos direitos".

São os filhos que têm o dever de amparar seus pais na velhice e em suas necessidades, e não os avós que têm obrigações para com os pais de seus netos, já maiores de idade, e tampouco obrigações ilimitadas para com os seus netos.

A responsabilidade dos pais para com os filhos adultos não é a mesma de quando eles eram menores e incapazes.

A responsabilidade se determina no momento em que são estabelecidos os papéis de cada uma das gerações com seus respectivos limites A responsabilidade parental está relacionada ao poder familiar – *patria potestas* –, e aos encargos daí decorrentes, ilimitados, e é nesse ponto se encontra o maior equívoco com relação à obrigação avoenga. Esta, diversa da obrigação parental, se limita aos alimentos naturais.

Não consta nem da Constituição nem do ordenamento civil brasileiro a determinação de que os avós tenham idêntica obrigação aos pais; pelo contrário, os elementos analisados demonstram a clara distinção entre as responsabilidades, que nem são apontadas adequadamente pela doutrina, nem observadas a contento pelo Judiciário. O *patria potestas* é, originalmente, prerrogativa e obrigação paterna, e não avoenga. Inobstante isso, a responsabilidade parental vem sendo estendida indiscriminadamente aos avós de forma ilegítima e ilegal, e os motivos dessa reincidência são preocupantes e inexplicáveis, prestando-se a um estudo próprio e mais aprofundado, talvez antropológico, com o indispensável auxílio da Psicologia.

A maioria das ações de alimentos contra avós parte de noras que representam os netos. Algumas vezes por reais necessidades; outras, porque a ex-mulher do filho, ressentida, prolonga suas mágoas e as despeja para além de seu ex-marido, para além do pai de seu filho, atingindo os avós paternos. Assim ela está, de alguma forma, atingindo o homem que a abandonou, e que a deixou sozinha com o filho. É uma continuidade do litígio contra o pai do filho, usando o filho como arma e como escudo – em manifestação de *transpessoalidade*, de forma simulada e em evidente abuso do direito, pois o filho é o mais agredido quando usado como instrumento de litígio.

Ao criarem os filhos, os pais desempenham o papel que a natureza lhes confiou, que diz com os mais elementares instintos de preservação da vida, o mesmo que se manifesta nos animais cuidando de seus filhotes. Mas além do puro instintivo, do impulso natural, a lei impõe obrigações que são específicas dos pais, detentores do poder familiar. Com os filhos criados, essa missão dos pais está cumprida, e ali se esgota seu papel ante criaturas antes indefesas e sujeitas ao poder familiar. A obrigação que permanece é em decorrência do parentesco. Impor aos avós que já cumpriram o seu papel de pais a repetir com os netos o papel que já desempenharam, se constitui em um atentado à dignidade dos avós, uma violência à pessoa humana, uma imensurável desconsideração – e não raro um ato extremamente desumano.

A ajuda prestada voluntariamente pelos avós a um neto, por uma atitude discricionária, é um direito que lhes assiste, e não pode ser tida como obrigação, nem pode se constituir em patamar para fixação de alimentos a outros netos que recorram ao Judiciário pretendendo alimentos avoengos. O avô escolher um neto para auxiliar além dos limites de sua obrigação não fere o princípio da *igualdade entre filhos*, pois é aos filhos que se aplica o princípio e não aos netos.

A responsabilidade alimentar entre pais e filhos sujeitos ao poder familiar, seja em virtude de incapacidade absoluta ou relativa, efetivamente não é a mesma responsabilidade que os avós têm com relação a seus netos.

Se o avô, para fornecer alimentos civis ao neto, deve abrir mão do seu lazer, passeios, ou viagens, não pode preponderar o interesse do neto, mas sim as necessidades civis dos avós. Por outro lado, se é o pai ou a mãe quem vai se sacrificar, a situação é outra, pois entre o lazer e viagens dos pais e os alimentos civis dos filhos sujeitos ao poder familiar, preponderam as necessidades dos filhos em detrimento dos pais.

Protecionismo e assistencialismo familiar não condizem com os mais elementares princípios de honra, dignidade, trabalho e responsabilidade. A irresponsabilidade paterna não pode ser premiada, e muito menos com a punição dos avós.

Mulheres que têm capacidade de manter relações sexuais e engravidar, gerando seus próprios filhos, e também capacidade suficiente para optar pela monoparentalidade feminina, devem utilizar essa mesma capacidade para buscar uma fonte de renda para sustentar os filhos por elas gerados, sem parasitismos, exercendo e exercitando a maternidade responsável.

A obrigação alimentar dos avós deve atender ao caráter da subsidiariedade, que implica função supletiva e secundária, devendo antes ser buscada a responsabilidade dos pais.

Impor aos avós encargo alimentar que não é deles, transmitir-lhes a responsabilidade para com os netos, filhos de um filho irresponsável, que na maioria das vezes não quer trabalhar para sustentar os seus próprios filhos, é injusto, desumano e ilegal.

Sem dúvida, ajudar na manutenção dos netos, alcançando-lhes o mínimo necessário, os alimentos naturais, além de ser um ato de socorro, é uma imposição legal a que não se podem furtar os avós, até mesmo porque a própria natureza dos seres vivos, mesmo os animais, impele a fazer. Mas pretender que os avós proporcionem o máximo aos netos, muitas vezes dando-lhes o que eles próprios não podem ter, em evidente prejuízo de si próprios, como se pais fossem, não observando devidamente o caráter de subsidiariedade que a lei determina, é ilegal, injusto e desumano.

A constatação de que a responsabilidade avoenga é subsidiária não tem sido suficiente para determinar que ela se limita aos alimentos *naturais*, sem alcançar os civis. A jurisprudência – com exceções – ainda não faz essa distinção, sobrecarregando os avós e lhes transferindo a obrigação dos pais. A subsidiariedade tem sido vista como a situação em que se o pai não alcança, os avós alcançam; se a mãe não trabalha, mesmo jovem, mesmo que não exista desculpa para sua ociosidade, pelo simples fato de que ela não alcança o que deve, o encargo é repassado aos avós!

Os principais obrigados a alimentar os filhos são os pais, e *subsidiariamente os ascendentes mais próximos* – os avós –, dividindo-se entre eles a responsabilidade. Tal constatação corresponde à letra da lei. No entanto, não há no ordenamento jurídico brasileiro uma definição dos limites das obrigações avoengas, nem os aplicadores do direito se fixam nas características diferenciadores dessas obrigações – muito pelo contrário, confundem-nas, estendem-nas dos pais aos avós, indistintamente.

A "subsidiariedade" tem sido entendida tão somente como a possibilidade de eleição processual do polo passivo, limitando-se à regra de que os pais devem ser demandados em primeiro lugar, para somente então acionar os avós, ou na demanda contra os avós, fazer desde logo a prova inequívoca do descumprimento do dever de sustento por parte dos pais.

Decisões que ultrapassam os limites da obrigação avoenga, que se detêm preponderantemente na situação do alimentado – os netos – deixando em segundo plano a situação do alimentante – os avós – enfraquecem os *deveres* fundamentais dos pais, pois os desonera e desresponsabiliza do exercício de suas obrigações. Ocorre, então, uma transitividade da responsabilidade parental para os avós. em vez de uma *subsidiariedade* na obrigação, ocorre uma *substituição* da obrigação alimentar. Há confusão de papéis e dos limites da responsabilidade dos avós, e o resultado estimula a infantilização da paternidade e a irresponsabilidade da mulher contemporânea na família, pois embora seja apontada a responsabilidade avoenga como subsidiária e complementar, não são estabelecidos seus limites. Dessa forma, se o pai é irresponsável e a mãe acomodada – ou o inverso –, a fácil solução encontrada é transferir aos avós a responsabilidade total pelo sustento da prole.

Na realidade forense, a *excepcionalidade* e a *transitoriedade* tendem a se transformar em *normalidade* e *perenidade,* pois os pais cujos filhos são sustentados pelos avós muito dificilmente tomarão qualquer iniciativa para modificar a situação que lhes é cômoda, confortável e os poupa de esforços, especialmente para procurar emprego e prover o sustento de seus próprios filhos. Com os avós já sustentando os netos, esses pais não têm motivos para se preocupar.

A responsabilidade dos avós é *subsidiária,* e também de acordo com suas possibilidades financeiras, *complementar* à obrigação dos pais – o que está absolutamente correto. O grande equívoco que ocorre é com relação aos *limites* da responsabilidade alimentar, o que não é considerado. Tal constatação é preocupante, pois evidencia um entendimento que extrapola os limites da obrigação avoenga, distanciando-a completamente dos alimentos *naturais,* que deveriam ser o limite, a fronteira da responsabilidade dos avós. Se os pais já alcançam o mínimo necessário, não é obrigação dos avós proporcionar o supérfluo dos netos. No entanto, é isso que está acontecendo e isso que se observa das decisões: os avós estão sendo obrigados a proporcionar o supérfluo para os netos, mesmo que em detrimento do supérfluo deles, dos avós!

Os netos não devem viver de acordo com as possibilidades econômico-financeiras de seus avós, mas sim de seus pais Se o pai ganha um salário mínimo, é dentro desse salário que ele vai criar o seu filho. No entanto, mesmo estando presentes estes argumentos nas decisões, há conclusões reiteradas no sentido de condenar os avós a prestações alimentares que excedem, muitas vezes, as verdadeiras necessidades dos netos. Tais decisões invadem a vida privada dos idosos, desrespeitam seu direito à intimidade, frustram seus planos de fim de vida, confiscam suas economias.

Os avós são sujeitos de direito, e embora não mais jovens, continuam a ser cidadãos, seres humanos, têm ainda planos – talvez não mais de futuro, mas de um presente que para alguns será muito breve. E mesmo que tenham rendas maiores, os ganhos são deles, dos avós, e não dos netos: são para sua vida, para seus planos, para suas viagens, para suas férias – e não é justo nem legal dar destino diverso às economias e finanças dos avós.

Os avós não estão obrigados a proporcionar a seus netos o mesmo padrão de vida que desfrutam. Não é o padrão de vida dos avós que dita o valor da prestação alimentícia; os pais é que devem garantir a seus filhos um padrão de vida compatível com o deles, pais. Os avós não são provedores – já o foram em relação aos seus próprios filhos – agora são simplesmente avós.

Em nome de uma pretensa proteção econômica, de um alegado "melhor interesse da criança", os avós, não raro, veem sua vida econômica devassada, seus projetos ruírem, seu livre-arbítrio desconsiderado, sua dignidade agredida. É rompida a esfera privada do indivíduo-avô, que deveria ser o último espaço inviolável, imune a qualquer tipo de intrusão, mesmo da autoridade pública.

Os avós devem ter a oportunidade de *poder exercer o seu papel afetivo*, de manifestar aos netos seu cuidado, de conviver com eles, de demonstrar mesmo com pequenos agrados o seu amor e sua afetividade. Necessitam de folga em seu orçamento mensal para poder presentear os netos, passear com eles, proporcionar-lhes voluntariamente lazer. Se toda a capacidade econômica dos avós for esgotada por ação de alimentos dos netos, proposta pelo filho, filha, nora ou genro, os avós estarão impedidos de demonstrações materiais de afetividade.

Engessado economicamente, subtrai-se ao avô a liberdade necessária para atitudes discricionárias com relação ao neto, impedindo-o de exercer a sua própria liberdade individual.

O silogismo jurídico aplicado no Direito de Família, nos tribunais, tende a apresentar uma premissa maior correta, a premissa menor exata, mas com uma conclusão que não obedece à ordem do raciocínio das premissas. Assim, nas decisões, evoca-se a obrigação alimentar subsidiária e complementar dos avós, constata-se uma situação em que os pais estão alcançando alimentos para os filhos, proporcionando-lhes o essencial, mas faltam os alimentos civis, com o que poderiam ter uma vida melhor. Mas a conclusão, ao invés de obedecer às premissas, determinando que no caso em concreto os avós estão liberados da obrigação, demonstra o contrário: em um raciocínio contraditório, inversamente proporcional a tudo que foi exposto, talvez penalizados, receosos de negar à criança os alimentos pleiteados, terminam por condenar os avós, mesmo aqueles que recebem parca pensão de aposentados da previdência social, a pagar um percentual de seus rendimentos ao neto. Essa condenação não é nem legal, nem moral e sequer justa. Ocorre um erro de justificação. Ademais de contrariar as premissas postas, impinge aos avós uma obrigação – não de alimentos naturais, que a criança já recebe de seus pais! – mas uma complementação para suprir os alimentos civis, os mesmos alimentos civis que aquele pequeno percentual descontado impositivamente proporcionaria aos próprios avós agora obrigados! Ou seja: tiram-se os alimentos civis dos avós para proporcioná-los aos netos.

Não se trata de negar alimentos aos netos. Trata-se, isso sim, de ponderar a situação que se põe entre netos criança-adolescente e avós-idosos.

Na colisão de normas de direito fundamental, a *ponderação* é o elemento básico para determinar sua precedência, e o modelo dos princípios se mostra o mais adequado para flexibilizar os preceitos constitucionais na busca da concretização da máxima justiça possível. No Direito está presente a decisão axiológica, a escolha, não sendo possível se furtar a julgamentos de valor, ou conforme Alexy, "moralmente relevantes".

O elemento da *ponderação* auxilia a que não se privem nem as crianças e os adolescentes – os netos – nem os idosos – os avós – de suas garantias de direito fundamental.

É tempo de os avós, sujeitos de direito, serem respeitados, considerados, tratados de forma digna pela família, pela sociedade e pelo Estado.

É preciso saber procurar e enxergar *a verdade*. Só assim, aos avós, estará se fazendo justiça!

Referências bibliográficas

AGUIAR FILHO, Ruy Rosado de. Prefácio. In: FREITAS, Augusto Teixeira de. *Consolidação das leis civis*. Brasília: Senado Federal, Conselho Editorial, 2003. v.1, p. XIII-XXIV.
ALEXY, Robert. *El concepto y la validad Del derecho*. Barcelona: Gedisa, 1994.
——. *Teoria da argumentação jurídica*. São Paulo: Landy, 2001.
——. *Teoria dos direitos fundamentais*. São Paulo: Malheiros, 2008.
ALPA, Guido. *Introduzione allo studio critico del diritto privato*. Torino: Giappichelli, 1994.
ALVIM, Teresa Arruda. *Direito de Família:* Aspectos Constitucionais, civis e processuais. São Paulo: Revista dos Tribunais, 1996. v. 3.
——. *Direito de Família:* Aspectos Constitucionais, civis e processuais. São Paulo: Revista dos Tribunais, 1995. v. 2.
——. *Direito de Família:* Aspectos Constitucionais, civis e processuais. São Paulo: Revista dos Tribunais, 1993. v. 1.
——; LEITE, Eduardo de Oliveira. *Repertório de doutrina sobre direito de família:* aspectos constitucionais, civis e processuais. São Paulo: Revista dos Tribunais, 1999. v.4.
AMATO, Vicenzi. Gli alimenti. In: RESCIGNO, Pietro. *Trattato di diritto privato*. 2. ed. Torino: Utet, 1999. v. 3, p. 894-895.
ARIÈS, Philippe. *História Social da Criança e da Família*. 2. ed. Rio de Janeiro: Guanabara, 1981.
ASCENSÃO, José de Oliveira. *O direito:* Introdução e teoria geral. 2. ed. Rio de Janeiro: Renovar. 2001.
AULETTA, Tommasso Amadeo. *Alimenti e solidarietà familiare*. Milano: Giuffrè, 1984.
AZAMBUJA, Maria Regina Fay de et al. (Org.) *Infância em família*: um compromisso de todos. Porto Alegre: IBDFAM, 2004.
——. Mulher: da submissão à liberdade. *Revista brasileira de direito das famílias e sucessões*, Porto Alegre; Belo Horizonte: Magister: IBDFAM, v.10, n.8, p. 49-57, fev./mar. 2009.
AZEVEDO, Álvaro Villaça. *Comentários ao código civil*: parte especial: do direito de família. São Paulo: Saraiva, 2003. v.19.
——. *Comentários ao novo código civil*: do direito de família, do direito pessoal, das relações de parentesco. Rio de Janeiro: Forense, 2003. v.18.
——. *Estatuto da família de fato*. 2.ed. São Paulo: Atlas, 2002.
——; VENOSA, Sílvio de Salvo. *Código civil anotado e legislação complementar*. São Paulo: Atlas, 2004.
BARBOZA, Heloisa Helena. O princípio do melhor interesse do idoso. In: PEREIRA, Tânia da Silva; OLIVEIRA, Guilherme (Coord.). *O cuidado como valor jurídico*. Rio de Janeiro: Forense, 2008, p. 57-71.
BARCELONA, Pietro. *Diritto privato e società moderna*. Napoli: Jovéne, 1996.
BARRETO, Vicente (Org.). *A Nova Família:* problemas e perspectivas. Rio de Janeiro: Renovar, 1997.

BELLUSCIO, Augusto Cesar; ZANNONI, Eduardo A.; CARLUCCI, Aida Kemelmajer de. *Responsabilidad Civil en el Derecho de Familia*. Buenos Aires: Hammurabi, 1983.

BELLUSCIO, Cláudio Alejandro. *Alimentos debidos a los menores de edad*. Buenos Aires: Garcia Alonso, 2007.

BENDA, Ernest. Dignidad humana y derechos de la personalidad. In: BENDA, Ernest et al. *Manual de derecho constitucional*. 2.ed. Madri: Marcial Pons, 2001.

BEVILÁQUA, Clóvis. *Código Civil dos Estados Unidos do Brasil*: comentado por Clóvis Beviláqua. Rio de Janeiro, Ed. Rio, 1984. v.1.

——. *Direito de Família*. 7.ed. Rio de Janeiro: Ed. Rio, 1976.

——. *Linhas e perfis jurídicos*. Rio de Janeiro: Freitas Bastos, 1930.

BIRCHAL, Alice de Souza. A Relação Processual dos Avós no Direito de Família: Direito à busca da Ancestralidade, Convivência Familiar e Alimentos. In: Congresso Brasileiro de Direito de Família, 6.; PEREIRA, Rodrigo da Cunha (Coord.). *Afeto, ética, família e o novo código civil brasileiro*. Belo Horizonte: Del Rey, 2004. p. 41-60.

BOECKEL, Fabrício Dani. *Tutela jurisdicional do direito a alimentos*. Porto Alegre: Livraria do Advogado, 2007.

BOLETIM DIEESE, São Paulo: Departamento Intersindical de Estatística e Estudos Socioeconômicos, n. especial dia internacional da mulher, mar. 2001.

BOSSERT, Gustavo A. *Regimen jurídico de los alimento*: conyuges, hijos menores y parientes; aspectos sustanciales y procesales. Buenos Aires: Astrea, 2006.

——; ZANNONI, Eduardo A.. *Manual de derecho de família*. 6.ed. Buenos Aires: Astrea, 2007.

BRAGA, Theophilo. *Historia do direito português*. Coimbra: Impressora da Universidade, 1868.

BRASIL. Ministério da Fazenda. Receita Federal. *Arrecadação da Receita Administrada pela RFB*: Período 1985 a 2002. Disponível em: <http://www.receita.fazenda.gov.br/Historico/Arrecadacao/Historico85a2001.htm>. Acesso em: 11 out. 2009.

CACHAPUZ, Maria Cláudia. *Intimidade e vida privada no novo código civil brasileiro*: uma leitura orientada no discurso jurídico. Porto Alegre: Sergio Antonio Fabris, 2006.

CAHALI, Francisco Jose. Dos alimentos. In: DIAS, Maria Berenice Dias (Coord); PEREIRA, Rodrigo da Cunha (Coord). *Direito de família e o novo código civil*. Belo Horizonte: Del Rey, 2001. p. 182-192.

CAHALI, Yussef Sahid. *Divórcio e Separação*. 11.ed. São Paulo: Revista dos Tribunais, 2006.

——. *Divórcio e Separação*. 4.ed. São Paulo: Revista dos Tribunais, 2002.

——. *Dos alimentos*. 5.ed. São Paulo: Revista dos Tribunais, 2006.

CALSAMIGLIA, A. Ensaio sobre Dworkin. In: DWORKIN, Ronald. *Los Derechos en Serio*. Barcelona: Ariel, 1989.

CAPELO DE SOUZA, Rabindranath Valentino Aleixo. *O direito geral de personalidade*. Coimbra: Ed. Coimbra, 1995.

CARBONNIER, Jean. *Droit civil*: la famille. 12.ed., Paris: PUF, 1983.

——. *Ensayos sobre las leyes*. Madrid: Cívitas, 1998.

——. *Flexible droit*: pour une sociologie du droit sans rigueur. Paris: LGDJ, 1992.

CARNEIRO, Levi. Estudo crítico biográfico. In: FREITAS, Augusto Teixeira de. *Código Civil*: esbôço. Rio de Janeiro: Ministério da Justiça e Negócios Interiores, 1952. p. I-X.

CARLUCI, Ainda Kemelmajer de. *Derechos de Familia, Derechos Humanos y Derecho Comparado*. San José, 2006. Palestra proferida para magistrados.

CEZAR, José Antônio Daltoé. Noticiário de política. *Zero Hora*, Porto Alegre, 4 jan. 2009. p.12.

CÓDIGO CIVIL COMENTADO. Coord. Ricardo Fiúza. São Paulo: Saraiva, 2008.

COIMBRA, David. A voz de uma mãe do outro lado da linha. *Zero Hora*, Porto Alegre, 5 dez. 2008. p. 3.

COMANDÉ, Giovanni. *Diritto privato europeo e diritti fondamentali*: saggi e ricerche. Torino: G. Giappichelli, 2001.

CONGRESO INTERNACIONAL DE DERECHO DE FAMILIA, n. 10, 1998, Mendoza. *El Derecho de Família y los nuevos paradigmas*. Mendoza: Municipalidad de Mendoza, 1998.

CONGRESSO BRASILEIRO DE DIREITO DE FAMÍLIA, n. 6; PEREIRA, Rodrigo da Cunha (Coord.). *Afeto, ética, família e o novo código civil brasileiro*: anais... Belo Horizonte: Del Rey, 2004.

——, n.1; PEREIRA, Rodrigo da Cunha. (Coord.). *Repensando o Direito de Família*: anais... Belo Horizonte: Del Rey, 1999.

——, n.2; PEREIRA, Rodrigo da Cunha (Coord.). *Direito de família*: a família na travessia do milênio, anais... Belo Horizonte: IBDFAM, OAB-MG, Del-Rey, 2000.

CONGRESSO INTERNACIONAL DE DERECHO DE FAMÍLIA, n .13; ALVAREZ, Carlos Lasarte (Dir.). *Perspectivas Del derecho de família em el siglo XXI*: Abstracts aceptados. Huelva: A.G Servigraf SL, 2004.

COSTA, Maria Aracy Menezes da. A renúncia a alimentos no novo Código Civil: casamento e união estável. In: LEITE, Eduardo de Oliveira (coord). *Alimentos no novo código civil*: aspectos polêmicos. Rio de Janeiro: Forense, 2006. p. 143-156.

——. Pensão alimentícia entre cônjuges e o conceito de necessidade. *Revista da AJURIS*, Porto Alegre: Ajuris, v.27, n.85, t.1, p. 424-450, mar. 2002.

COULANGES, Fustel de. *A cidade antiga*: estudo sobre o culto, o direito e as instituições da Grécia e Roma. 12.ed. São Paulo: Hemus, 1975.

——. *A cidade antiga*: estudo sobre o culto, o direito e instituições da Grécia e de Roma. 7. ed. Lisboa: Livraria Clássica, 1950.

DABOVE, Maria Isolina. Derecho y multigeneracionismo: los nuevos desafíos de la responsabilidad jurídica familiar en la viejez. *Derecho de família*: Revista Interdisciplinaria de doctrina y Jurisprudencia, Buenos Aires: Abeledo-Perrot, n. 40, p. 39-54, jul./ago. 2008.

DEL'OMO, Florisbal de Souza; ARAÚJO, Luís Ivani de Amorim (Coord.). *Direito de família contemporâneo e novos direitos:* estudos em homenagem ao Professor José Russo. Rio de Janeiro: Forense, 2006.

DIAS, Maria Berenice. *Manual de direito das famílias*. 6.ed. São Paulo: Revista dos Tribunais, 2010.

——; PEREIRA, Rodrigo da Cunha (Coord.). *Direito de família e o novo código civil*. Belo Horizonte: Del Rey, 2001

——; SOUZA, Ivone M. C. Coelho de. Separação litigiosa, na "esquina" do direito com a psicanálise. *Revista da AJURIS*, Porto Alegre: AJURIS, v.26, n.76, t.2, p. 233-237, dez. 1999.

DOGLIOTTI, Massimo. I diritti del anziano. *Rivista Timestrale di diritto e procedura civile*, Milán, v.41, n.3, p. 708-719, sep. 1987.

DWORKIN, Ronald. *Levando os direitos a sério*. São Paulo: Martins Fontes, 2002.

——. *Los Derechos en Serio*. Barcelona: Ariel, 1989.

——. *O império do direito*. São Paulo: Martins Fontes, 1999.

——. *Uma questão de princípio*. São Paulo: Martins Fontes, 2000.

EMILIANO, Euripedes de Oliveira. *As ações afirmativas e a concretização do valor constitucional da igualdade*. Disponivel em: <http://jus2.uol.com.br/doutrina/texto.asp?id=11296>. Acesso em: jul. 2009.

ÉTTIGIANI, Eduardo Julio. E interes superior del menor es superior a todo outro interes? In: CONGRESO INTERNACIONAL DE DERECHO DE FAMÍLIA, 10., 1998, Mendoza. *El derecho de Família y los nuevos paradigtmas*: Ponencias. Mendoza: Comision II, set. 1998, p. 1-24.

FACHIN, Luiz Edson (Coord). Repensando fundamentos do Direito Civil Brasileiro Contemporâneo. Rio de Janeiro: Renovar, 1998.

——. *Comentários ao novo Código civil:* do direito de família, do direito pessoal, das relações de parentesco. Rio de Janeiro: Forense, 2003.

——. *Da paternidade*: relação biológica e afetiva. Belo Horizonte: Del Rey, 1996.

―――. *Elementos críticos do Direito de Família*. Rio de Janeiro: Renovar, 1999.
―――. *Elementos críticos do direito de família*: curso de direito civil. Rio de Janeiro: Renovar, 1999.
―――; TEIXEIRA, Sálvio de Figueiredo (Coord.). *Comentários ao novo código civil*. Rio de Janeiro: Forense, 2003. v.18.
FACHIN, Rosana Amara Girardi. *Em busca da família do novo milênio:* uma reflexão crítica sobre as origens históricas e as perspectivas do direito de família brasileiro contemporâneo. Rio de Janeiro: Renovar, 2001.
FANZOLATO, Eduardo Ignácio. *Alimentos y reparaciones em la separación y em el divorcio*. Buenos Aires: Ediciones Depalma, 1993.
―――. Daños y desequilíbrios econômicos divorciales: resarcimientos y compensaciuones. Separata de: *Foro de Códoba*. n. 79, nov. 2002. Não paginado.
―――. *Derecho de família*. Córdoba: Advocatus, 2007. t.1.
FAVOUREU, L. et al.. *Tribunales constitucionales europeus y derechos fundamentales*. Madri: Centro de Estudios Constitucionales, 1984.
FINKIELKRAUT, Alain. *La defaite de la pensée*. Paris: Gallimard, 1987.
FONSECA, Antonio Cezar Lima da. O poder familiar a o novo código civil. In: AZAMBUJA, Maria Regina Fay de (Coord.); SILVEIRA, Maritana Viana (Coord.); BRUNO, Denise Duarte (Coord.). *Infância em família*. Porto Alegre: IBDFAM, 2004. p. 229-248.
FÓRUM DA LONGEVIDADE, n.4, 25 jun. 2009, Rio de Janeiro. *Veja*. São Paulo: Abril, a. 42, n. 30, 29 de jun. 2009. Informe publicitário encartado.
FRADERA, Vera Maria Jacob de (Org.). *O direito privado brasileiro na visão de Clóvis do Couto e Silva*. Porto Alegre: Livraria do Advogado, 1977
FREITAS, Augusto Teixeira de. *Consolidação das leis civis*. Brasília: Senado Federal, Conselho Editorial, 2003.
FREITAS, Juarez. *A interpretação sistemática do direito*. 4.ed. São Paulo: Malheiros, 2004.
FREYRE, Gilberto. *Casa grande e senzala*: formação da família brasileira sob o regime da economia patriarcal. 50.ed. São Paulo: Global, 2005.
FUNDO DAS NAÇÕES UNIDAS PARA A INFÂNCIA. *Direitos das Crianças*. Disponível em: <http://www.unicef.pt/artigo.php?mid=18101111&m=2>. Acesso em: 11 out. 2009.
GADAMER, Hans-George. *Verdade e Método*. 6.ed. Petrópolis: Vozes, 2004.
GEMA, Scipione. *L'obbligazione alimentare nel diritto comparator e internazionale*. Macerata: Unione Tipográfica, 1908.
GOMES, Orlando. *Direito de família*. 11.ed. Rio de Janeiro: Forense, 1998.
―――. *Direito de família*. 14.ed. Rio de Janeiro: Forense, 2002.
GONÇALVES, Carlos Roberto. *Direito civil brasileiro*. São Paulo: Saraiva, 2005. v.6.
GONZALEZ. Matilde Zavala de. *Personas, Casos y Cosas en el Derecho de Daños*. Buenos Aires: Hammurabi, 1991.
HABERMAS, Jürgen. *Teoría de la acción comunicativa*: complementos y estudios previos. 4.ed. Madrid: Cátedra Teorema, 2001.
HABILDE, Gustavo. *El derecho a la cuota alimentaria*. Buenos Aires: Centro Norte, 2006.
HECK, Luís Afonso. O modelo das regras e o modelo dos princípios na colisão de direitos fundamentais. *Revista dos Tribunais*, São Paulo: RT, v. 89, n. 781, p. 71-78, nov. 2000.
HERRERA, Marisa; CHECHILE, Ana María. El rol de los abuelos en el derecho de família contemporâneo: uma mirada desde los conflictos de comunicación entre abuelos y nietos. *Revista Interdisciplinaria de Doctrina y Jurisprudencia*: Derecho de Familia, Buenos Aires: Abeledo Perrot, n.40, p. 17-38, jul./ago. 2008.

HIRONAKA, Giselda Maria Fernandes Novaes. A incessante travessia dos tempos e a renovação. In: DEL'OMO, Florisbal de Souza; ARAÚJO, Luís Ivani de Amorim (Coord.). *Direito de família contemporâneo e novos direitos*: estudos em homenagem ao Professor José Russo. Rio de Janeiro: Forense, 2006, p. 47-62.

INSTITUTO BRASILEIRO DE GEOGRAFIA E ESTATÍSTICA. Diretoria de Pesquisas. Coordenação de População e Indicadores Sociais. Projeção da população do Brasil por sexo e idade para o período 1980-2050, estimativas anuais e mensais da população do Brasil e das unidades da federação: 1980–2020, estimativas das populações municipais. Rio de Janeiro: IBGE, out. 2004. Disponível em: <http://www.mps.gov.br/arquivos/office/4_081010-120048-289.pdf>. Acesso em: 11 out. 2009.

——. *Perfil dos Idosos Responsáveis pelos Domicílios no Brasil*. Disponível em: <http://www.ibge.gov.br/home/estatistica/populacao/perfilidoso/default.shtm>. Acesso em: 11 out. 2009.

KELSEN, Hans. *Teoria pura do Direito*. São Paulo: Martins Fontes, 1999.

LASARTE, Carlos. *Princípios de Derecho Civil*: Derecjho de Familia. 3.ed. Madrid: Marcial Pons, 2002. v.6.

LEGENDRE, Pierre. *Law and the unconscious*: a Legendre reader. New York: St. Martin's, 1997.

LEITE, Eduardo de Oliveira (Coord.). *Alimentos no novo código civil*: aspectos polêmicos. Rio de Janeiro: Forense, 2006. v.5.

——. A recepção dos princípios constitucionais no novo direito de família codificado. In: CANEZIN, Claudete Carvalho (Org.). *Arte Jurídica*: Bioblioteca Científica de Direito Civil e Processo Civil da Universidade Estadual de Londrina. Curitiba: Juruá, 2005, v. 2, p. 51-64.

——. *Direito Civil Aplicado:* Direito da Família. São Paulo: Revistas dos Tribunais, 2005. v.5.

——. *Famílias monoparentais*: a situação jurídica de pais e mães solteiros, de pais e mães separados e dos filhos na ruptura da vida conjugal. 2.ed. São Paulo: Revista dos Tribunais, 2003.

——. Fixação do Quantum Alimentar. In: FREITAS, Douglas Phillips (Org.). *Curso de Direito de Família*. Florianópolis: Vox Legem, 2004, v. 1, p. 199-218.

——. *Monografia Jurídica*. 7.ed. São Paulo: Revista dos Tribunais, 2006.

——. O *quantum* da pensão alimentícia. In: COUTO, Sergio (Coord.). *Nova realidade do direito de família*: doutrina, jurisprudência, visão interdisciplinar, noticiário. Rio de Janeiro: Coad, 1999. v.2, p. 16-17.

——. Os alimentos e o novo texto constitucional. In: PEREIRA, Rodrigo da Cunha (Org.). *Direito de família contemporâneo*. Belo Horizonte: Del Rey, 1997, p. 681-702.

——. Prestação alimentícia dos avós: a tênue fronteira entre obrigação legal e dever moral. In: ——. *Alimentos no novo código civil*: aspectos polêmicos. Rio de Janeiro: Forense, 2006, p. 53-90.

——. *Síntese de Direito Civil*: Direito de Família. 2.ed. Curitiba: J.M., 2000.

——. *Síntese de Direito Civil*: Direito de Família. Curitiba: J.M., 1997.

——. *Temas de Direito de Família*. São Paulo: Revista dos Tribunais, 1994.

——. *Tratado de direito de família*: origem e evolução do casamento. Curitiba, Juruá, 1991.

——; WAMBIER, Teresa Arruda Alvim (Org.). *Repertório de Jurisprudência e Doutrina sobre Direito de Família*: aspectos constitucionais, civis e processuais. São Paulo: Revistas dos Tribunais, 1996.

LOBO, Paulo Luiz Neto. A repersonalização das relacões da família. In: BITTAR, Carlos Alberto (Coord.). *O direito de família e a constituição de 1988*. São Paulo: Saraiva, 1989, p. 53-81.

——. Princípio jurídico da afetividade na filiação. In: PEREIRA, Rodrigo da Cunha (Coord.). *A família na travessia do milênio*: Anais do II Congresso Brasileiro de Direito de Família. Belo Horizonte: Del Rey, 2000, p. 245-253.

——. *Famílias*. São Paulo: Saraiva, 2008.

LOUZADA, Ana Maria Gonçalves. *Alimentos*: doutrina e jurisprudência. Belo Horizonte: Del Rey, 2008.

MADALENO, Rolf. *Novas perspectivas no direito de família*. Porto Alegre: Livraria do Advogado, 2000.

———. Obrigação, dever de assistência e alimentos transitórios. In: CONGRESSO BRASILEIRO DE DIREITO DE FAMÍLIA, n. 6; PEREIRA, Rodrigo da Cunha (Coord.). *Afeto, ética, família e o novo código civil brasileiro*: anais... Belo Horizonte: Del Rey, 2004, p. 575-581.

MIRANDA, Pontes de. *Fontes e evolução do Direito Civil brasileiro*. 2. ed. Rio de Janeiro: Forense, 1981.

———. *Tratado de Direito Privado*: parte especial, direito de família, direito parental, direito protectivo. 2.ed. Rio de Janeiro: Borsoi, 1954. v.9.

MONTALVÃO, Fernando *et al*. Pensão alimentar pelos avós. *Revista Jus Vigilantibus*. 26 set. 2007. Disponível em: <http://jusvi.com/artigos/28635>. Acesso em: 14 set. 2008.

MORAES, Maria Celina Bodin de. *Danos à pessoa humana*: uma leitura civil-constitucional dos danos morais. Rio de Janeiro: Renovar, 2003

MORELLO, Augusto; MORELLO DE RAMÍREZ, María S.. La obligación alimentaria de los abuelos ante la Convención sobre los derechos del niño. *Revista Jurisprudencia Argentina*, n. 6122, p. 2, 30 dec. 1998.

MOTTA, Maria Antonieta Pisano. Além dos fatos e relatos: uma visão psicanalítica do direito de família. In: PEREIRA, Rodrigo da Cunha (Coord.). *A família na travessia do milênio*: Anais do II Congresso Brasileiro de Direito de Família. Belo Horizonte: Del Rey, 2000, p. 47-49.

NERY JÚNIOR, Nelson; MACHADO, Martha de Toledo. O estatuto da criança e do adolescente e o novo código civil à luz da constituição federal: princípio da especialidade e direito intertemporal. *Revista de Direito Privado*, São Paulo, v.3, n.12, p. 9-49, out./dez. 2002.

NORONHA, Fernando. Obrigações solidárias e indivisíveis, litisconsórcio e coisa julgada. *Revista da ESMESC*, Florianópolis: ESMESC, v. 3, n. 3, p. 91-120, 1997.

ORGANIZAÇÃO DAS NAÇÕES UNIDAS. *Plano de ação internacional contra o envelhecimento*, 2002. Brasília : Secretaria Especial dos Direitos Humanos, 2003. Disponível em: <http://www.cicts.uevora.pt/paienv.pdf>. Acesso em: 19 jul. 2009.

PEREIRA, Caio Mário da Silva. *Instituições de direito civil*: direito de família. 14.ed. Rio de Janeiro: Forense, 2004. v.5.

PEREIRA, Lafayette Rodrigues. *Direitos de família*. 5.ed. Rio de Janeiro: Freitas Bastos, 1956.

PEREIRA, Rodrigo da Cunha. *Direito de Família Contemporâneo*. Belo Horizonte: Del Rey, 1997.

———. *Direito de Família*: uma abordagem psicanalítica. 2.ed., Belo Horizonte: Del Rey, 1999.

PEREIRA, Sérgio Gischkow. *Ação de Alimentos*. 4.ed. Porto Alegre: Livraria do Advogado, 2007.

PEREIRA, Tânia da Silva; OLIVEIRA, Guilherme (Coord.). *O cuidado como valor jurídico*. Rio de Janeiro, Forense, 2008

PERLINGIERI, Pietro. *Il diritto civile nella legalità constituzionale*. Napoli: Edizione Scientifiche Italiane, 1983.

———. *Manuale di diritto civile*. Napoli: Edizione Scientifiche italiane. 2005.

———. *Perfis do direito civil constitucional*. Rio de Janeiro: Renovar, 1999.

PEZZELLA, Maria Cristina Cereser. *Propriedade privada no Direito Romano*. Porto Alegre: Sergio Antonio Fabris, 1998.

PLANIOL, Marcel; RIPERT, Georges. *Derecho Civil*. México: Pedagógica Iberoamericana, 1996.

POCAR, Valério; RONFANI, Paola. *La famiglia e il diritto*. Roma: Laterza, 2001.

PORTANOVA, Rui. *Motivações ideológicas da sentença*. 4.ed. Porto Alegre: Livraria do Advogado, 2000.

PORTO, Sérgio Gilberto. *Doutrina e prática dos alimentos*. 3.ed. São Paulo: Revista dos Tribunais, 2003.

PRUNES, Lourenço Mario. *Ações de alimentos*. São Paulo: Sugestões Literárias, 1976.

RAMOS, Paulo Roberto Barbosa. Direito à velhice: a proteção constitucional da pessoa idosa. In: WOLKMER, Antonio Carlos (Org.); LEITE, José Rubens Morato (Org.). *Os "novos" direitos no Brasil*. São Paulo: Saraiva, 2007, p. 131-150.

REALE, Miguel. *Filosofia do Direito*. 15. ed. São Paulo: Saraiva, 1993.

REIS, Carlos David S. Aarão. *Família e igualdade*: a chefia da sociedade conjugal em face da nova constituição. Rio de Janeiro: Renovar, 1992.

RESCIGNO, Pietro. *Trattato di diritto privato*: persone e famiglia. 2.ed. Torino: Utet, 1999. v. 3

REVISTA BRASILEIRA DE DIREITO DAS FAMÍLIAS E SUCESSÕES. Porto Alegre; Belo Horizonte: Magister: IBDFAM, v.10, n.8, fev./mar. 2009.

REVISTA DOS TRIBUNAIS. São Paulo: RT, n.515, 1978.

REVISTA INTERDISCIPLINARIA DE DOCTRINA Y JURISPRUDENCIA. Buenos Aires: Abeledo-Perrot, n. 40, jul./ago. 2008.

RIZZARDO, Arnaldo. *Direito das sucessões*: Lei n° 10.406, de 10.01.2002. 4.ed. Rio de Janeiro: Forense, 2008.

——. *Direito de Família*. 7.ed. Rio de Janeiro: Forense, 2009.

RODRIGUES, Silvio. *Direito civil*: direito de família. 27.ed. São Paulo: Saraiva, 2002. v. 6.

——. *Direito civil*: direito de família. 28.ed. São Paulo: Saraiva, 2007. v.6.

——; AZEVEDO, Antônio Junqueira de (Coord.). *Comentários ao código civil*: parte especial, do direito de família. São Paulo: Saraiva, 2003. v.17.

SALDANHA, Nelson. *O jardim e a praça*: o privado e o público na vida social e histórica. São Paulo: Edusp, 1993.

SANTOS, Diego Benavides. *Código da família*. 2.ed. San José: Juritexto, 2000.

——. *Ley de pensiones alimentarias*. 2.ed. San José: Juritexto, 2002.

SANTOS, Eduardo dos. *Direito de família*. Coimbra: Almedina, 1999.

SANTOS, Moacyr Amaral. *Primeiras linhas de direito processual civil*. 24.ed. São Paulo: Saraiva, 2008. v.1.

SANTOS, Regina Beatriz Tavares da Silva Papa dos. *Reparação civil na separação e no divórcio*. São Paulo: Saraiva, 1999.

SARLET, Ingo Wolfgang. *A eficácia dos direitos fundamentais*. 10.ed. Porto Alegre: Livraria do Advogado, 2009.

——. *Dignidade da pessoa humana e direitos fundamentais na constituição federal de 1988*. 8.ed. Porto Alegre: Livraria do Advogado, 2010.

SCIANCALEPORE, Giovanni; STANZONE, Pasquale. *Anzione, capacità e tutele giuridiche*. Milano: IPSOA, 2003.

SEGURADO, Milton Duarte. *O direito do Brasil*. São Paulo: Bushatsky, Edusp, 1973.

SENA, Eduardo Cunha Alves de; CHACON, Paulo Eduardo de Figueiredo. Tutela constitucional da terceira idade: o resgate da dignidade humana da pessoa idosa. *Jus Navigandi*, Teresina, ano 10, n. 957, 15 fev. 2006. Disponível em: <http://jus2.uol.com.br/doutrina/texto.asp?id=7970>. Acesso em: 6 jul. 2009.

SEPIN NET REVISTA PERSONA Y FAMÍLIA. Madrid, n. 32, abr. 2004.

——. Madrid, n. 34, jun. 2004.

SILVA, Clóvis Veríssimo do Couto e; FRADERA, Vara Maria Jacob de (Org.). *O Direito Privado brasileiro na visão de Clóvis do Couto e Silva*. Porto Alegre: Livraria do Advogado, 1997.

SOARES, Orlando. *Direito de Família*: de acordo com o novo Código Civil. Rio de Janeiro: Forense, 2004.

SOUZA, Ivone Maria Coelho de. (Org.) *Casamento, uma escolha além do judiciário*. Florianópolis: Vox Legem, 2006.

—— (Org.). *O novo código civil e a constituição*. Porto Alegre: Livraria do Advogado, 2003.
——. (Coord.) *Parentalidade*: análise psico-jurídica. Curitiba. Juruá, 2009.
——. Papéis avoengos: uma sobreposição à parentalidade. In: ——. (Coord.) *Parentalidade*: análise psico-jurídica. Curitiba. Juruá, 2009, p. 165-181.
SOUZA MINAYOA, Maria C.. Visão antropológica do envelhecimento humano. In: SERVIÇO SOCIAL DO COMÉRCIO; PONTIFÍCIA UNIVERSIDADE CATÓLICA DE SÃO PAULO. *Velhices*: reflexões contemporâneas:. São Paulo: PUC-SP; SESC, 2006. p. 47-60.
STANZIONE, Gabriella Autorino. *Diritto di famiglia*. Torino: Giappichelli, 1997.
——. Sui rapporti familiare nel vigente ordinamento spagnoloin comparazione com il diritto italiano. Napoli: Edizioni Scientifiche Italiane, 1984.
TAPAI, Giselle de Melo Braga (Coord.); REALE, Miguel (Prefácio). *Novo código civil, lei 10.406, de 10 de janeiro de 2002*: estudo comparativo com o código civil de 1916, Constituição Federal, legislação codificada e extravagante. 3.ed. São Paulo: Revista dos Tribunais, 2003.
TEIXEIRA, Sálvio de Figueiredo (Coord.). *Direitos da família e do menor*: inovações e tendências – doutrina e jurisprudência. 3.ed. Belo Horizonte: Del Rey, 1993.
TRABUCCHI, Alberto. *Istituzione ddi diritto civile*. 24.ed. Padova: Cedam, 1993.
TRIBE, Laurence, *American Constitutional Law*, 2.ed. New York: Foundation Press, 1988.
TURKENICZ, Abraham. *A aventura do casal*. Porto Alegre: Artes Médicas, 1995.
VENOSA, Sílvio de Salvo. *Direito civil*: direito de família. 8.ed. São Paulo: Atlas, 2008. v.6.
VIANA, Marco Aurélio da Silva. Alguns aspectos da obrigação alimentar. *Revista dos Tribunais*. São Paulo: RT, v. 67, n. 515, p. 21-29, 1978.
VISIGODOS. In: Wikipédia: a enciclopédia livre. Disponível em: <http://pt.wikipedia.org/wiki/visigodos>. Acesso em: 11 out. 2009.
WADLINGTON, Walter; O'BRIEN. *Family law statutes, international conventions and uniform laws*. New York: Foundation Press, 2000.
WALD, Arnold; FONSECA, Priscila M. Corrêa da. *Direito Civil*: Direito de Família. 17.ed. São Paulo: Saraiva, 2009. v.5.
WELTER, Belmiro Pedro (Coord.); MADALENO, Rolf Hanssen (Coord.). *Direitos fundamentais do direito de família*. Porto Alegre: Livraria do Advogado, 2004.
——. *Alimentos no Código Civil*. São Paulo: Thompson, 2004.
ZAGREBELSKY, Gustavo. *El derecho dúctil*: ley, derechos, justicia. Madrid: Trotta, 1997.
——. *La giustizia costitucionale*. Bologna: Il Milino, 1988.
ZAMBERLAM, Cristina de Oliveira. *Os novos paradigmas da família contemporânea*: uma perspectiva interdisciplinar. Rio de Janeiro: Renovar, 2001.
ZAMBRANO, Virginia. *Direitos fundamentais e direito privado*. Porto Alegre, 15 maio 2006. Palestra realizada na Escola da Superior da Magistratura/AJURIS.
——. *Autonomia privada e relação familiar*: papel e função da mediação. Porto Alegre, 11 dez. 2006. Palestra realizada na Escola da Superior da Magistratura/AJURIS.
——. Sociedade moderna e novos direitos. In: SEMINÁRIO INTERNACIONAL SOBRE LIMITES E POSSIBILIDADES DO DIREITO MODERNO, n. 3, dez. 2006, São Leopoldo. *Visa transdisciplinar*. São Leopoldo: Unisinos.
ZANETTI, Robson. A discriminação positiva em favor das mulheres. *Justiça do direito*. Passo Fundo: Universidade de Passo Fundo, v.14, n.14, p. 129-132, 2000.

Legislação consultada

ALEMANHA, Código. SCHLÜTER, W. (Org.). *Código Civil alemão*: direito de família. 9.ed. Porto Alegre: Fabris, 2002.
ARGENTINA, Código. *Código Civil de la República Argentina*: Códigos Universitários. 6. ed. Buenos Aires: Abeledo-Perrot, 2008.

———, Código. *Codigo Civil*. Buenos Aires: Zavalía, 1989.

———, Código. HIGHTON, Elena I. (Coord.); BUERES, Alberto J. (Dir.). *Código Civil y normas complementarias*: análisis doctrinal y jurisprudencial, artículos 159/494, familia. 1. ed. Buenos Aires: Hamurabi, 2007.

BRASIL, Código. Senado Federal. Subsecretaria de Edições Técnicas. *Código Civil*: Anteprojetos. Brasília, DF: SET, 1989. v.5, t.2.

———, Código. Código Civil, Código Comercial, Código de Processo Civil, Constituição Federal e legislação Complementar. 5.ed. São Paulo: Saraiva, 2009.

———. Constituição. *Constituição da República Federativa do Brasil de 1988*. Disponível em: <http://www.planalto.gov.br/ccivil_03/constituicao/constitui%C3 %A7ao.htm>. Acesso em: 11 out. 2009.

———. *Decreto n.º 1839*, de 31 de Dezembro de 1907.

———. *Lei n.º 10.741*, de 1º de Outubro de 2003. Disponível em: <http://www. planalto.gov. br/ccivil/LEIS/2003/L10.741.htm>. Acesso em: 11 out. 2009. Estatuto do idoso.

———. *Lei n.º 12.010*, de 3 de agosto de 2009. Disponível em: <http://www. planalto.gov.br/ ccivil_03/_Ato2007-2010/2009/Lei/L12010.htm>. Acesso em: 11 out. 2009. Nova lei da adoção.

———. *Lei n.º 6.515*, de 26 de dezembro de 1977. Disponível em: <http://www. planalto.gov. br/ccivil_03/Leis/L6515.htm>. Acesso em: 11 out. 2009. Lei do divórcio.

———. *Lei n.º 8.069*, de 13 de Julho de 1990. Disponível em: <http://www. planalto.gov.br/ccivil_03/LEIS/L8069.htm>. Acesso em: 11 out. 2009. Estatuto da criança e do adolescente.

———. *Lei nº 8.971*, de 29 de dezembro de 1994. Disponível em: <http://www. planalto.gov. br/ccivil_03/Leis/L8971.htm>. Acesso em: 11 out. 2009.

———. *Lei nº 9.278*, de 10 de maio de 1996. Disponível em: <http://www. planalto.gov.br/ccivil_03/LEIS/L9278.htm>. Acesso em: 11 out. 2009.

CHILE, Código. *Codigo Civil*. 7 ed. Santiago: Juridica de Chile, 1977.

COSTA RICA, Código. SANTOS, Diego Benavides (Org.). *Código de Família*. 2. ed., San José: Juritexto, 2000.

FRANÇA, Código. *Code Civil*. 106.ed. Paris: Dalloz, 2007.

———, Código. *Code Civil*. 73.ed. Paris: Dalloz, 1974.

ITALIA, Código. *Codice Civile e leggi complementari*. 10.ed. Padova: CEDAM, 1971.

———, Código. *Codice Civile spiegato articolo per articolo*. Napoli: Esse Libri, 2006.

PORTUGAL, Código. *Código Civil português*. Coimbra: Almedina, 1967.

RIO GRANDE DO SUL. Tribunal de Justiça. Centro de Estudo. *Conclusões do Centro de Estudos*. Disponível em: <http://www.tjrs.jus.br/institu/c_estudos/ conclusoes.php>. Acesso em: 11 out. 2009.

UNIÃO EUROPEIA. *Carta dei diritti fondamentali dell'Unione Europea*. 7 dic. 2000. Disponível em: <http://eur-lex.europa.eu/LexUriServ/LexUriServ.do?uri=CELEX:32000X1218(01): IT:HTML>. Acesso em: 11 out. 2009.

URUGUAI, Código. *Código Civil Uruguay*. 1995. Disponível em: <http://www. iberred.org/ assets/Uploads/Cdigo-Civil-Uruguay.pdf>. Acesso em: 11 out. 2009.

Impressão:
Evangraf
Rua Waldomiro Schapke, 77 - POA/RS
Fone: (51) 3336.2466 - (51) 3336.0422
E-mail: evangraf.adm@terra.com.br